U0125353

我把股市当战场

修订第2版

童牧野◎著

北方联合出版传媒（集团）股份有限公司

万卷出版公司
VOLUMES PUBLISHING COMPANY

ⓒ 童牧野 2010

图书在版编目（CIP）数据

我把股市当战场／童牧野著. —— 2版（修订本）.
—— 沈阳：万卷出版公司，2010.4
（引领时代）
ISBN 978-7-5470-0845-4

Ⅰ．①我… Ⅱ．①童… Ⅲ．①股票—资本市场—研究
—中国 Ⅳ．① F832.51

中国版本图书馆 CIP 数据核字（2010）第 055333 号

出 版 者	北方联合出版传媒（集团）股份有限公司
	万卷出版公司（沈阳市和平区十一纬路29号　邮政编码　110003）
联系电话	024-23284090　　**邮购电话**　024-23284627
电子信箱	vpc_tougao@163.com
印　　刷	北京天来印务有限公司
经　　销	各地新华书店发行
成书尺寸	165mm × 245mm　**印张**　14
版　　次	2010年8月第1版　2010年8月第1次印刷
责任编辑	赵鹤鹏　　**字数**　210千字
书　　号	ISBN 978-7-5470-0845-4
定　　价	38.00元

丛书所有文字插图版式之版权归出版者所有　任何翻印必追究法律责任

目 录
CONTENTS

我把股市当战场

WOBAGUSHIDANGZHANCHANG

第二部分：壮年时期的元帅篇

– 自序 –
Preface

1994年首版首印的《我把股市当战场》曾是我的第一本书，而且是我迄今为止所有17本著作中定价最便宜的（人民币5元4角）。但也是最供不应求的。早期签名本，在收藏品市场的成交价，多次攀升到每本5000元至1万元的区域。短短十几年，增值千倍以上。

为此，我教导两个儿子：鲁迅当年的《而已集》、《南腔北调集》等一系列杂文集，每种初版印量也就一千册、两千册。每种定价也就一角钱、两角钱。他老人家若是自己多留几本，每本签上自己的大名和年月日，传给子孙，现在还不每本万元以上被人抢购，还供不应求呢。（藏书界，越是早期的有缺点的粗糙版本，越珍贵，越是交易价蹿上天。越是后来无瑕疵、大量印刷的精致新版本，越价廉物美。各得其所）。

为了让1994年首版首印的《我把股市当战场》在收藏界永远宝贵，现在的2010年修订的《我把股市当战场，修订第2版》（包含了多年后的回顾、反思、补记、修订），必须与那个1994年版，既有一脉相承的关系，又很另类、不同。

不同到什么程度？简直是两本不同的书嘛。但又保留了当初的许多既优秀、又稚嫩的光辉痕迹。

2010年的这个修订第2版，与1994年那个版本相比，主要有以下重大进化：

第一，每篇都增加了"出自本篇的童牧野语录"，让读者一目了然本篇画龙点睛之处。

第二，有些篇章，增加了补记、注释，反映了作者在过去十多年来的观点变化、立场进化。未来很多年后的修订第N版，这方面内容还将继续增加。

第三，在这个修订第2版里，《第一部分：青年时期的士兵篇》选自本书的早期版本。而《第二部分：壮年时期的元帅篇》以及所有附录，则是早期版本里所没有的。这两个部分，编在同一本书里，给自己也给铜丝们，很震撼的感觉：原来在股市，普通一兵茁壮成长为常胜将帅，会有这样的大跨度、大飞越、大升华。从絮絮叨叨个股、股价，到海阔天空人生、哲学、文学。境界豁然宽广。

第四，应很多读者的要求，每篇都增加了该篇章在报刊、博客、纸质书上，发表、转载、结集的详细情况，以便大家比较阅读同一篇章、不同版本的微妙差别（我的第17本书《庄家克星，修订第2版》底稿也有这一条，但出书时被出版公司为节约篇幅等方面的考虑，省略掉了。其实很多读者朋友来函，希望我的作品在书中保留此类历史时间，他们好对照股市中的历史走势，看我当初的预言，都是以什么方式应验的。当然，在修订第2版中省略掉，在未来修订第N版中再冒出来，也行。让这修订第2版因有不足、瑕疵，而成为印量有限的收藏珍品，也让作者、读者同喜同乐，视为宝书）。

第五，有些篇章，附有读者、网友的来函、跟帖的精彩摘录，形成作者和读者的互动，为整部著作增添了情趣。不仅让作者因本书而名垂本书的出版史，也让忠实的读者名垂本书的出版史。未来很多年后的修订第N版，这方面内容还将继续增加。

第六，篇章的第1版随机排序，改为第2版的按写作日期排序。由此可知作者的思路演化过程。

第七，增加了几个附录部分，体现了与时俱进的信息增补和编辑。未来很多年后的修订第N版，这方面内容还将继续增加。

第八，某些字句、段落的处理，更加完善。

读者家的孩子，若是正在读小学、中学，拿本书的2010年修订第2版和1994年早期版对照阅读，会发现作者在修辞的精益求精上，功夫越来越深。

精读本书，不仅关于股市、股史、赢家秘诀，认知上大有长进，而且关于语文、写作、怎样写出永远不会过气的新千字文乃至新万字文，都会有不同于课堂的鲜美感受。

熟读各种版本《圣经》的我，深知《圣经》中有些内容，前后重复，也删不得，否则会影响文气的上下连贯。

笔者写作本书，也遇到这个问题，个别观点、论据，前后都有提到，却无法下手删之，因为一刀下去，上下文就断气、不连贯了。也许，读者来函，献计献策，到很多年后的第N版，就很痛快地解决这个问题了。

祝大家阅读愉快。

童牧野

2010年1月29日星期五

上海

第一部分 ——Part 1——

青年时期的 士兵篇

舞伴的舞步和鬼子的刺刀

📖 童牧野语录：

由于把所有可变因素都百分之百地了如指掌之不可能实现，所以对精确走势的测不准是必然的也是可以原谅的，测得准是偶然的也是值得庆幸的。

与现代物理学中的测不准原理相对应，股市中也有测不准原理。

股市测不准原理：只有把影响股价的所有可变因素都百分之百地了如指掌，才可能有百分之百的把握测准股价和精确走势。

由于把所有可变因素都百分之百地了如指掌是不可能实现的，所以对精确走势的测不准是必然的也是可以原谅的，测得准是偶然的也是值得庆幸的。

根据测不准原理，是否就该自暴自弃，从此买进卖出股票，都闭着眼睛瞎来？

也不。尽管气象专家预测明天最高气温35度，而明天偏偏36度，尽管测不准，还是大有参考价值，至少已让大家知道明天的气温下穿棉袄上街是否不太合适。

股市预测比气象预测难。首先，气象工作者可凭借高空气球，卫星云图，地面气象台站信息联网；股市预测者谁敢说自己能摸清几千万股民下一步想啥做啥？买盘和卖盘，瞬息万变，交易所内部人员也常因买气卖气的隔日巨变而震惊。

股民之人心，比天上的黑云白云复杂。

其次，气象中预报台风登陆之前，雷达早已密切跟踪台风在太平洋的生成、运动、变化。股市则不然，今天来个无云突然暴雨，明天来个晴天忽然霹雳，社会现象毕竟比自然现象更加"超自然"。

再者，气象工作者测出多云便是实实在在的多云，股评界测出"多云"，准做市商完全可以出乎您预料地联手驾起轰炸机，撒干冰搞人工降雨，让"多云"变成"暴雨"，让您的预测见鬼去。

被测的气象是无生命的，被测的股市却充满最高级最有灵气的动物。

笑话中说很久很久以前，有个气象界阿混，庄严预测："明天，零下40度，到零上40度之间，刮东南西北风或无风，晴天或阴天，可能有雨，若是晴天则无雨。"

现实中有的滑头家伙，"预测"股市，也有异曲同工之妙："如果大家增强持股信心，买气充沛，股价或能上扬；否则，仍将牛皮横动；如果没有进一步的利多刺激，则股价或许疲软而下……"

上、中、下三种走势都在"预见"之内，令人拍案叫绝。

这跟物理学中的测不准原理，何其类似，允许误差范围越大，越能说得理直气壮！

股民常问股评家：某某股票是否在某年某月一定能涨到某某价位？发此问，动机很纯：一定能涨，就买；一定不能涨，就不买。

在此类问题中含有"一定"两个字，只能回答"不知道"。否则就违背了股市测不准原理。

测准，难以做到，测个朦朦胧胧，还是可能的。对所有的可变因素，不可能百分之百地掌握，十成中了解了七成，预测或许也有七成的把握。

为防股市不测风云，科学而又艺术的做法是：预测股价走势不可以打保票，但可以指出哪种趋势可能性较大。就按古人所训：知之曰知之，不知曰不知。

在滑头与呆板之间，最好做一个老实人。如果有谁来问老实人，要去一个遥远的金光灿烂的目的地，是乘轮船好、汽车好、火车好还是飞机好？

老实人脱口而出：乘飞机好，又迅速又平稳又舒服。于是那问者，乘了飞机。然后传来噩耗：所乘飞机不幸失事。

尽管飞机失事绝对不是老实人安的炸弹，可老实人心里还是很难受。股市就常有类似事件。

股评家明明知道飞机的优势。人家问他什么股票可供首选？他推荐了飞机。推荐之后，该赶紧祈祷：天灾、人祸、意外事件，躲远点，阿门！

现在，股市有了挺不错的规矩，操盘手不可搞股市咨询，咨询人员不可操盘。选择操盘的俺，天天瞧瞧全国各地的咨询人员都说了点啥，看哪些人最接近真理，哪些人经常跌破眼镜。

学索罗斯，轻易不预测天气，但以果断的节奏，对市场气候的千变万化，作出及时的行动反应。相当于不预测是否下雨的人，随身在包里藏了折叠伞，下雨出门就撑伞，不下雨就不撑。

股市中的电脑决策系统，就是这样的折叠伞，它不预测明天是涨是跌，但它告诉现在该买该卖，然后您走一步，电脑继续帮您瞧一步，或许今天的持仓，明天它让您获利了结，仅跑了个短线。

或许它连续几天、几周、几月，天天叫您所持那仓，继续持有，继续持有，结果捂出个金娃娃。更或许，今天叫您买进，明天叫您斩仓止损。

毕竟电脑也尊重股市测不准原理，市场突变，它也急转弯，您得理解它，千万别跟它斗气。

最好别把股市想象成嫩手搭在您肩上的女舞伴，跟着您的舞步，亦步亦趋，走势全都安排在舞曲的旋律之中。

不，股市是端着刺刀正在跟您拼杀的鬼子。您别预测他杀您还是不杀您。

您的选择要么是迅速逃命，要么是也端起刺刀，比他更机动、更灵活。

让他感觉到您比他更测不准。您的任务不是在生死关头开口哇啦哇啦预测他，而是闭口用劲降伏他，并胜利地缴获战利品。

利空兑现，变成利多

童牧野语录：

　　危机有时就是良机。危机只有对失败阵亡者，才是真正的危机。

　　摇号之后延缓缴款：1992年6月5日，34种新股摇号，每200份认购证中了其中的30种新股，需缴购股款近15万元。

　　定于1992年6月13日至19日办理验证手续（黑市中已出现肉眼难辨真伪的假认购证，所以新股缴款之前，预收认购证用仪器甄别，遇伪剪角退还）。6月20日至26日，凭验证时发给的预约单缴付购股款。

　　这34种新股中的东方明珠等8种新设立公司的股票，有待开业盈利后再申请上市交易，其余如华联商厦、豫园商城等20余种股票，将在7月上市交易。

　　广场开设股票交易摊：在作了整整一周的极充分的准备之后，6月9日周二，文化广场重新设摊迎接散户委卖，这回秩序井然。一系列措施都十分合理：广场限定每天进场2000人，只接散户卖单（每次卖50股以下者，视为散户）。对未领到当天入场券者，发给以后日期的记名（以防转卖）入场券。广场内用广播通告当天最新行情。

　　1992年第23个交易周（6月1日至5日），前三天劲跌，后两天小幅回升。前三天的跌，是因为6月1日流产的广场大卖盘蓄而未泄，余威镇魄。后两天的涨，是因为有机构和个人大户，在股价接近惜售心理价位时，看准入货。

6月8日沪报公布了次日广场设摊新方案，股民反而如吃定心丸，行情基本走平。由于多方大中小户中的想当然者，都想在广场设摊这天抢便宜货，也就不可能有太便宜的货。6月9日重新设摊这天，所有沪股全面涨升，各涨1%至8%不等。

上海股市1992年5月26日的降温措施，与深圳股市1991年11月中旬的一些措施，不无相象。在此沉重打击下，两地个人大户的应变策略有所不同。1991年11月的大户采落荒而逃之策，股市从此温吞了四个月。

1992年上海的个人大户，早已受过深圳股市战火的考验，临危不乱，笑迎良机。不在激流中弃船跳水而逃，而是避礁顺水前行，且不忘水中叉鱼。

危机有时就是良机。危机只有对失败阵亡者，才是真正的危机。

广场重新设摊这天，沪股全面涨升，虽使一些想当然者大跌眼镜，但真正戴眼镜的上海知识界个人大户，并不跌镜。料定最恐怖的时刻，不在大拍卖开张以后，而是在开张之前。

也就是说，6月9日设摊，恐怖气氛若存在，该体现在6月8日。8日一些股票在微涨中交易量明显萎缩，已显示卖方胆小者早已抢在最高价时期和最低价时期痛快出货，剩下的大多是横竖横不愿贱卖的。

6月9日广场设摊，散户委卖者并无官方预料的多，连当天入场券都没用光。证券交易所这一周来，做了大量有利于股民的实事好事。下令各证券网点取消不合理的土规定，贯彻一些合理的新规定。

如买方资金账户原从5万元起存的土规定，取消。5千元起存可矣。不得拒绝只有股票账户而无资金账户者的股票委卖。允许柜台自营买入散户抛出的每笔5手（上海的股票每手，是指面值100元），收购价可低于最新市场价1%，次日即可交割。

股价趋稳，民心趋平

童牧野语录：

在股市运动战中，他们中的许多人已为自己留下进可攻、退可守的进退两路。在成为股票大户的同时，仍然是银行活期存款大户。股价高涨股票获利，股价暴跌则新资伺机入市。让股票和现金互相保护，以防股市不测风云。

[1]

火灾与股价探底：联纺公司的一个下属厂，1992年6月11日晚发生火灾，500多名消防官兵扑救3个多小时才扑灭。此灾使该公司股票次日暴跌。12日205元开盘（昨收盘237元），卖盘如倾盘大雨，接盘也大如收灵之魔袋，这天成交10万多股，是昨日5倍，尽管扳回到228元收盘，仍名列当天跌幅最深之榜首（也不过跌4%而已）。火灾虽可悲，此跌却可喜。可喜有三。

其一，反映了股民对股票发行公司盈亏益损的重视，已把股值大小与公司净资产相联系，且反应极快。其二，总有高人一筹者棋高一着。火灾的直接损失由保险公司全额承担。火损之厂也干脆弃旧迎新，迁浦东新厂区重建。

于是有人危难之机见精神，敢吃股票共患难，吃完抹抹嘴巴，大谈吃理：好股难得价廉，跌够了不吃，更待何时？其三，联纺在连续两周的箱型盘整中，火灾暴跌也不过是跌到几天前的箱底价，且箱底弹性十足，当天落至箱底，当天一弹而上。

[2]

1992年第24个交易周(6月8日至12日)，在盘整中成交笔数，成交股数，成交金额都比前周增加。除了大飞乐、音响、延中微微盘跌，其他各股(包括遭受火灾的联纺)，都已呈微微盘升态势。6月14日，有人乘微势而造大势，故意拉高，意欲突破箱顶，结果使二纺、异钢的上影线之长，数倍于实体，拔苗助涨，徒劳而返。

15日周一，此故技又在联纺上演练(开221元，收228元，当天最高279元)。其实，股价趋稳之时，炒手强暴股价，只能自败炒手自身。16日联纺收229元，微微盘升就是微微盘升，不可强来。

第二批新股的实际缴款日期，与报纸上公布的略有不同。本来13日至19日只验证，20日至26日才缴款。

事实上，许多缴款点13日起就边验证边缴款，二事同时办理。笔者见许多点的缴款队伍都很长。新股认购者大多备好了股款。被迫为筹款而抛第一批新股者，已明显减少。仍以联纺为例，反弹后的股价微涨之中，15日成交3万多股，16日继续微涨，成交不足2万股。

眼下卖方若高价抛，买方仍不太敢高接。大家吃不准第二批新股上市交易时整个股市的走势如何。深股暴跌之凶猛，也使上海股民对深沪两地股市都始终保持几分警惕。

耐人寻味的是，无论是1991年11月中旬深股暴跌，还是本月初的深股急转弯，都有一小批沪民提前得到消息，逃得比深民还利索。回头乘低吸纳，也吸得又稳又准。

当然，拥有深股的沪民，绝大多数闪避不及，只好长期抗战。

在股市运动战中，他们中的许多人已为自己留下进可攻、退可守的进退两路。在成为股票大户的同时，仍然是银行活期存款大户。股价高涨股票获利，股价暴跌则新资伺机入市。让股票和现金互相保护，以防股市不测风云。

上海证券交易所近期又为股民做了一系列好事实事，电脑交易配对效力成倍提高。新的证券网点也将雨后春笋，陆续冒出。在一个作战效力更高，回旋余地更大的下半年上海股市，比智力、比财力、比魄力，终将胜过比内部消息灵通。

大飞乐权证的泥潭

童牧野语录：

炒手常愿行家不如炒家。当国家请行家指导国家股权证的运作时，那就不是什么炒家不如国家的问题，而是炒家瞎炒只能屁滚尿流的问题。

[1]

1992年第25个交易周（6月15日至19日），股票成交笔数，成交股数都比前周略缩，股票交易金额是前周的76%。一些股民忙于新股认购的验证、缴款之繁琐费时的奔波，无暇光顾二级市场。

这周，爱使因盘子小而被炒家人为拉高16%，其市盈率冲破1000。音响、申华、凤凰也被拉高（涨13%至4%不等）。5种新股三升两跌，升跌幅度都在±1%左右。6月22日周一，被炒家拉高出货的爱使回跌。申华因25日其新配股可上市交易，有人畏而提前抛其老股，跌6%，23日又跌2%。其他各种新老股票继续微幅盘整。

上海证券交易所的会员单位近已增至81家，其中61家为外地会员。上海的某些证券公司，也开始在外省市建立分支机构并已挂牌营业。这些变化，将对下半年沪股有着不可忽视的影响。6月26日34种新股缴款截止，一级市场这次吸走民间资金15亿元。7月上海承销的今年第二期国库券，达15亿元。1992年上海兑付到期国债40亿元。

[2]

大飞乐老股东获得的增资配股认股权证，是上海的第一种可上市交易的认股权证，其可交易期为一个月：6月8日至7月7日。其量很大（243万股权证）。由于此物新鲜，一批炒家，在其上市首日就积极吸纳，意欲逐日炒高。结果被套得很惨。6月8日开盘118元（曾有人发疯似地把它拉高到539元，而当时大飞乐股票的最高价也才181元）。

以后逐日盘低，6月12日97元收盘，19日95元收盘，23日93元收盘。至此，权证换手已近半（已换手百万股以上）。

使权证炒手大为懊恼的是，炒手吃多少，国家股权证就闷声不响地涌出来喂他多少。大飞乐的国家股权证高达157.3万股，同原个人股权证21万股相比，7倍于后者。

个人炒手炒大飞乐权证，滚滚炒资，如入无底之洞。越炒越冷，越炒越掉价。炒手常愿行家不如炒家。当国家请行家指导国家股权证的运作时，那就不是什么炒家不如国家的问题，而是炒家瞎炒只能屁滚尿流的问题。

大飞乐权证的价格稳稳地有节制地走低，也拖累着大飞乐股票共同低迷。随着权证交易截止期1992年7月7日的逼近，有些只想炒证而不想用证吃股者，只好认赔贱价脱手。所以玩大飞乐权证，越到晚期，就越是玩得心跳难以正常。

大飞乐公司在1992年5月28日增资配股公告之前的5月20日，另有一个公告，十分有趣：号称原国家股计算有误，应把国家股本1241万元修改成1573万元，其余法人股、个人股不变，股本总额相应地从2101万元修改成2433万元。此前不见古人、后不见来者的创举，看得上海股民目瞪口呆。这种说变就变的股票，其权证的魅力也就大打折扣。

1992年6月的上海电视，亮了一些上市公司的相。电视记者问Y公司副总经理："贵公司在保障股东权利方面做得怎样？"

居然问得对方张口结舌好久，答不出来。

三步舞曲话深沪

童牧野语录：

跳舞不该跳出心脏病。玩股也不可太累。在娱乐气氛中，微闭双眼，赚点就赚点，三分陶醉七分理智，蹦嚓嚓……

好久未在"沪深漫步"栏露面，只因前阶段忙于和个人电脑切磋股市，无暇多写，在沪闷声不响好久。素爱学消防队员，养兵千日，用在一时。我在股市则静观数年，战在某月。

所谓"漫步"，1991年以来，笔者个人也就跳了个三步舞曲。

前一步踩深圳（1991年9月），后两步都踩在上海（1992年1月的认购证和4月的"豫园"）。如今个人持有的40种股票，深圳的只有3种，其余37种都是上海新股。

在下混迹股市，偶尔听到不识我者在眉飞色舞地议论我："童牧野是亲深派，专门白相深股，不白相上海股票。"

我听了笑笑，不辩而走。其实我不仅是个亲深派，也是个亲沪派，今年我个人资金的主力部分就在上海。

我对深沪两地的各种投机股，都一概不碰。对深沪两地的最佳绩优股，都一旦抱牢，轻易不放，任凭价格起伏，稳坐长线钓鱼台。纵观海内外股市，真正绩优股的真正大头油水，是在送股配股方面。

不是绩优股，有配股也无甚花头，只好捞差价就拜拜。选股犹如跳舞，选个美人同舞始终，则心情一路舒畅到底。即使美人被绊了一跤，也觉得生动。重新站起来，仍是风度翩翩。选个丑八怪被缠住套住，失足之后，或上吊或跳楼，此类刺激，我辈不敢。

跳舞注意力要集中，两情相对，不可东张西望。

玩股也是，注意力不好太分散。常有人问我：某某股票很便宜，是否可以买进它？

我的回答：它已不在我的注意范围之内，自从它名声臭了以后，我已把它打入电脑冷宫，不再对它作图分析了。

跳舞不该跳出心脏病。玩股也不可太累。在娱乐气氛中，微闭双眼，赚点就赚点，三分陶醉七分理智，蹦嚓嚓……

童牧野2010/1/31补记：

作者本人后来不太喜欢这篇拙作。觉得把股战比做舞步，略有轻骨头、轻飘飘之嫌，属于士兵阶段的稚拙、轻浮。

但很多读者朋友就是想知道元帅是怎样从士兵演变过来的。所以这篇丑小鸭作品，暂不销毁，就保留在这儿让大家见笑。

结果呢，很多人笑得很开心：你也有那么搞笑、无厘头的过去呀……

避开决战主力，包围小股敌人

童牧野语录：

对于即将改制或即将新设立的上海股份制企业来说，则是越早发股票越早收款，越有利于企业眼下的处境和发展。

[1]

上海总共13家上市公司（13种A股，2种B股）中的7家，于1992年7月6日公布了《1992年中期财务报表》。这7家中的申华、兴业、爱使、音响的上半年每股税后利，都超过了去年全年的每股税后利。

报表公布之日（1992年7月6日周一），申华、兴业分别上涨29%和13%，分别突破500元大关和400元大关。其余3家嘉丰、异钢、大飞的上半年每股税后利，比去年同期也有所增长，但与前者差距明显。嘉丰当天跌，次日（周二）更是跌破200元。另外6家的中期财务报表，有待公布。

轮炒者展开股市游击战。炒大飞乐权证者，在与无声奇袭的国家股卖方交锋后，痛定思痛，改变策略。一方面围魏救赵，靠慢慢拉高大飞乐股票，来抑制其权证的下滑，何况卖方认真出货也不希望越卖越贱。7月7日下市摘牌终盘价虽无上市首日开盘118元之高，也总算在98元价位夺回了面子，表面上似乎减少了损失。

吃哲长智，炒手量力而行，避开国手国脚，专找没有国家股的股票，尤其是小股票，下嘴猛吃。

于是毫无国家股的兴业、音响、爱使、申华首当其吃。吃高之后，何日换嘴调调口味，其说来就来、说去就去的游击战术，令正规军也难摸头脑。

　　[2]

1992年7月5日沪报登有一篇署名记者的报道，称"市人行副行长、上海证交所监事长周先生昨日披露，力争使本市股票上市品种有较大幅度增加，打算年底前再有几十家股份制企业发行A种股票，其中10家发行B股。周先生强调，本市下半年社会公开股的认购仍采用凭1992年上海股票认购证摇号中签认购。请广大股民莫听信种种谣传。"

两天后的7月7日同一份沪报，登出一篇未署名记者的报道，称"记者专门走访了市人行副行长、市证管会办公室主任周先生。据周先生介绍，1992年上海股票认购证在股票发行中……发现了一些副作用。鉴于今年上海股票额度已基本发完，除少量余额外，下一步股票发行将采取什么方法，市证管会在听取各方面意见，正积极研究，以更好地满足社会各方面的投资需求。"

可谓：相隔两天，两种说法。

这使沪民普遍意识到："年底前再有几十家A种股票"与今年有"少量余额"难以相容，恐有难言之隐。

对于认购证持有者来说，前一种说法令人欣喜。后一种说法也令人宽慰。

因为前种情况使他们在一级市场再获丰收，后一种情况则意味着年内二级市场仍将僧多粥少，手头已有的第一、二批新股仍可再藏再攀新高。

对于管理层来说，这是个极严肃的抉择：

如果把那几十种新股列入明年发行，则年内二级市场目前持稳的沪股市盈率，存在脱缰蹿高之险。

如果把那几十种新股列入年内第三批发行而又"采取什么方法"不用1992年认购证，那么上海未中签的持证者（末尾数为单数的都未中签，有103万份以上）便有受愚弄之感。

对于即将改制或即将新设立的上海股份制企业来说，则是越早发股票越早收款，越有利于企业眼下的处境和发展。

各就各位，各自为战

童牧野语录：

在购股选择余地即将扩大数倍的新局面来临之际，人们不敢把子弹（资金）打光。已经打完子弹的，不惜低价抛股，换取子弹，以免日后眼睁睁看精美猎物眼前晃过，无弹可打。

[1]

1992年7月20日，上海继续公布一系列新股上市报告书，其中不仅有今年第二批新股中的氯碱、联农、金陵、胶带、中纺机、龙头、电器、新世界，还有外地老股：沈阳的金杯汽车。

在购股选择余地即将扩大数倍的新局面来临之际，人们不敢把子弹（资金）打光。已经打完子弹的，不惜低价抛股，换取子弹，以免日后眼睁睁看精美猎物眼前晃过，无弹可打。

于是，沪股一软再软。7月20日上证指数跌破1100点，21日续跌。卖方或出于恐慌之情，或出于打压之意，或出于调集资金头寸之需，非卖不可。买方或为了继续观望，或因为天气酷暑不想上市场，可买可不买。

部分炒手犯书本教条主义而连称看不懂的行情，在行家眼中，实为自然而然。

如：二纺机从6月8日至7月10日的股价，连续5周的盘整，似乎"已经稳如地平线般地盘实"在250元之上，却很快对不起一片叫好之声，7月21日打地洞式滑至231元收盘。其A、B股发行总量之大，被沪民喻为继真空之后的又一艘航空母舰，舰上国家正规军（国家股）静如大佛，令人敬畏。除非人气极旺，重奖可见，才有大批勇夫突然冲进围吃。

[2]

已上市的两种B股（真空、二纺机），连续数周软不拉叽（跌近发行价）。

这些公司的税率，调低之后，仍比深圳同类公司的税率为高。加上今年上海至少发行十多家B股，量多而质地难敌深圳B股，人们不敢对上海B股期望过高。

跑短线走极端，变成：发行价吃进，一上市就微利卖出，腾出资金又以发行价吃新出笼的B股。

于是，一级市场吃B股的积极分子，成了二级市场B股的积极贩子。边吃边吐，效率极高。上海B股也就血压只好偏低。

7月22日起，又有两家上海B股（大众出租汽车、永生制笔）上市交易。而该两家的A股虽已与B股同期公布上市报告书，但该两A股的上市交易将在B股之后且日子待定。同一公司的B股先上市，A股后上市，前者的偏低行情，将使后者的开盘价更趋冷静。

近日上海各证券网点，顾客已不那么拥挤，相对宽松。

在体育馆发放的袖珍收音式股票信息机的购买预约券，引来2万多人的排队。当场有人敢把2元一张的预约券以100元一张倒卖。公安特警当场扭获倒爷7人。

8月3日信息机启用后，陆续将有先是数千人，然后是数万人可在家、在单位听即时行情，不必为知即时行情而非跑证券网点不可。

股市人气，将不会误以为热而发生热循环。人山人海臭汗烘烘的观股场面，将被更文雅的气氛代替。

股民在家、在工作岗位，犹如地道战躲地道之中。暗暗瞄准之后，悄悄扣动扳机。那时股市若突然人多，才是水分较少的真正买气或卖气。

层层设网，步步经营

童牧野语录：

设网者免不了边捕边吃边吐壳。所捕之蟹，有的短线烹炒，有的长线蓄养。前者机会越多，后者成本越低。

姗姗来迟，终于上市。

第二批新股中，终于有两只率先被呼唤出来，分别在1992年8月5日周三、7日周五上市交易。

这两只股票是：中纺机A股、大众出租车A股。

由于它俩的B股早已上市，其B股与已上市的二纺机B股有着较稳定的价格比例关系，所以这三者A股之间也有相应的价格比例关系。

因此股民买卖它们，填报价格，心中都比较有数。

快马再加鞭，后浪打前浪。

8月4日周二，沪报开始公布今年第4批摇号新股招股书。而且一下子就出来3个：申能、沪昌特钢、国嘉。

另外，第3批新股的缴款，从8月4日起，至16日止。

第3批新股的认购款，若百证连号，中11或12份，需18000元左右。

沈阳金杯汽车上市首日（7月24日）曾从120元开盘冲至164元收盘。

此后沉沉体重，天天向下。

至8月3日跌破120元，收盘于118元。

笔者从各证券公司每天贴出的成交记录单看，已有一些大户、小户不动声色地"刮进"（沪语"不计价位地爽气买进"之意）。

但大多数沪人认为该股盘子太大，原始股民又是面值买进，如今恐怕卖盘太重。

再加上近期市场人气一直飘忽，也就慎之又慎，不太敢碰。

上海新手更是比较迷信"炒"这个字，问："介大盘子，哪能炒法子？"

据笔者观察，把金杯当螃蟹，大胆吃螃蟹者，已把计划中的第一道捕蟹网设在120元，进行试探性地捕捞。

由于南涌入网之蟹太多，蟹挣网破，跌破120元。

捕蟹者顺水捉蟹，瞧它退到115元。又捞之。

从8月4日周二的行情看，上午金杯落到115元至116元区间，都被人毫不犹豫地刮进。下午收盘于118元。

如果第二道网也破，那么第三、第四道网已在110元、105元价位，严阵以待。

金杯的业绩，与二纺机相近。因为总股数是后者的两倍，目前市价便只有后者的一半。少数人果断大吃，大多数人坚决不敢吃。

毕竟，金杯在上海上市股票中，只能算是业绩居于中游，只是相对而言，物不丑而价不贵。设网者免不了边捕边吃边吐壳。所捕之蟹，有的短线烹炒，有的长线豢养。前者机会越多，后者成本也就越低。

可谓：层层设网，步步经营。

丢盔弃甲，转移阵地

童牧野语录：

　　牛胆已经吓破，熊黑大驾光临。

[1]

第四批新股，成了催命符。

上海新股认购证今年第4次摇号于1992年8月10日揭晓，中签率15%，这次发行7家公司的股票：沪昌特钢、申能、国嘉、原水、黄浦房产、国脉、南洋。

至此，今年已共发行53家公司的新股。

这第4次摇号，摇得太急，每百张联号认购证，又需要购股款16000元左右。而第2批新股该上市交易的，至8月14日才上来第3个。

逼得筹款购新股者，只好贱卖已上市的屈指可数的几个新股，成了沪股步入熊市的诱因之一。

认购证里第1次摇号中签的，都在第2次摇号里继续重复中签。第4次摇号中签的，又全是第2次摇号里中签过的。

反复中签的人们，不惜跌势中杀出前股购后股。令始终不中签的持证者（每百张里有39张左右）感慨万千。

这么快就全年摇号完毕，对惩戒认购证黑市，略有速战速决的味道。让那些敢在黑市数千元一张买进不中之证者，迅速捧牢一个教训。

[2]

牛胆已经吓破，熊黑大驾光临。

1992年5月26日上证指数从1400点以上暴跌之后，两个多月的时间，跑短线者越跑越亏（大户室里的个人大户，有亏数百万元者）。

眼看指数有可能跌破1000点。此间股评界认为跌破1000点，意味着上海熊市终于被证实。

很多大户断臂抽钱而退。沪人自嘲"忍痛割肉逃命"。逃命之后又通过周末各种股市沙龙、股市讲座，宣传逃命的必要性、及时性和不逃命的严重性。终于培育出恐怖气氛。

8月5日上市中纺机。

管理层并不希望股民集中在首日抛售，事先宣传：法人股暂不上市，只上市个人股。

言外之意，不必着急。

股民心理却是：又没说法人股几月几日之前不抛，等于告诉你这个炸弹暂时不响。何时会响不得而知。

于是，不乘法人股未抛之前先抛，更待何时？几乎成了沪民的共识。

欲接盘者，也想：等法人股轰出来再吃，也不晚。除非现在就很便宜，稍微吃点也罢。

结果，中纺机股价之低，成了本次熊市的催化剂。

它与二纺机，两者B股之价几乎相同。A股之价却相差一小半。

此后连续几天，中纺机步步向下。手拉手把二纺机为首的第1批新股拉下深渊。

再加上第4批新股8月10日周一摇号催命。当天下午，上证指数跌破1000点。在965点收盘。

8月11日周二，继续暴跌至864点收盘。几乎只只股票都一天跌价10%左右。

至此，沪股"牛市永不落，熊市不会来"的神话，被大驾光临的熊黑，一掌打飞。

[3]

一些精明又洒脱的上海股票投资者，已经提前实施下述做法：舍得低价抛股，去吃更优更惠而又偏偏更低价之股。

这种做法，在牛市中会踩空。抛此股换彼股，抛时此股价低，抛后此股价升，彼股更是价高难追。

而在熊市中，抛此低价吃彼更低价，笃悠悠调换品种，让手中的股票，越换越好。

8月10日以后的连续暴跌中，每天跌去数十元、上百元的股票，列列在目。

有的股票相对跌幅较小，每跌几元，就有一道统吃统收的拦截线。

这个机构资金耗尽，又有那个大户扑上枪眼，肃穆壮烈。

今年沈阳金杯，也学去年深圳的宝安、金田等公司，在上海大报，大登非销售性的广告："向上海各界人士致意！"

吃其股而暂时被套者，颇有此地受伤得到远方慰问之感，效果奇好。

也有不少沪人，从沪股抽资，续追深股。更多的持币者，眼盯已上市、未上市的沪股，等待机会再说。

亡 "牛" 补牢，追救得当

有人8月12日哭卖股票："这辈子再也不玩股票了！"

8月18日又心痒痒乱问："现在我该吃什么股票好？"

[1]

上海A股如果陷入熊市不能自拔，股民丢盔弃甲，仍有转移作战的回旋余地。

有关方面却比百姓更怕熊市。因为A股的不幸，将使老外对沪股闻风丧胆。上海今年庞大的B股发行计划将陷入任凭老外随便杀价的困境。

早在1992年8月6日，官方已召集众机构要求共同托市。从此静悄悄不再喊"禁止大户联手"。

不料自我干扰，第四次摇号催命，造成8月10日至12日的股灾暴发。害得遵命托市的机构纷纷都被套牢，自嘲"自己喂自己吃药"。

于是，有关方面驱熊追牛，解救被套机构于苦海，也就义不容辞。

部分股民如孔明再世，料定8月17日将有良好政策出台，就在8月12日的熊谷，豪迈大吃低价股。造成当天成交股数之大，创上海证交所开业以来的最高记录。

果然，17日周一，官方宣布采取"新股上市，半月公告"制度。同时宣布8月份还将上市的A股，只有永生、胶带两家小小规模的个人股。其社会个人股都只有50万股。分别在20日、28日上市。

于是十分明显，半月之内没有涝灾。无需逃荒。

股民奋勇入市。当天把股价指数从昨859点抬至今940点。

[2]

怕死没得将军做，怕亏没得富豪当？

上海相当一部分股民，已认识到：光有牛市没有熊市，简直是光吃甜不吃咸，腻味。

难得遇到飞沙走石短期光顾的巨熊，真是令人精神一振，胃口大开。

时势出富豪。同样的机遇，也让一部分过于惊慌者、过于贪婪者大倒其霉。

笔者天天观察各证券公司交易大厅内的众生相。一些遇灾慌不择路者，贱卖之后想以更贱价回购原股。只见每日行情都没达到他意中贱价之目标。于是天天光顾股市，天天目露毒光，口出咒语。

也发现另有极个别人，梦财成痴，以股票面值为价，填单委购。忙得汗流浃背，白白辛苦。此乃过于贪婪的小气量者，硬是自我严格要求，孜孜以求。连续错过入货良机。

8月沪股来势凶猛、去也迅速的龙卷风，把许多不成熟但会成熟的股民，进一步锤炼成熟。也把永不识水性者，以惊涛骇浪，淘汰出股市。

有人8月12日哭卖股票："这辈子再也不玩股票了！"

8月18日又心痒痒乱问："现在我该吃什么股票好？"

[3]

上海证券管理层为上海股市的正常发展护航。本周股市显示进入价格上下反复而成交量很大的鹿市。

8月1日以来天天排长龙敞开办理的新股票账户，本月下旬陆续拿到手。初生牛犊们手捧崭新的磁卡账户，兴奋入市，跃跃欲试，指日可见。

上海老手以上海速度抗击巨熊，谷底反弹之快，幅度之大，令上海跟风者晕头转向。醒来已是望尘莫及。

有的跟风者紧急抽回深股资金，因交割周期长，远水到位，人已渴昏，吃不到熊谷沪股，反而弄得两头尴尬。

从8月12日瞬间最低股价指数500多点，回升到18日上午的1000多点，屈指可数短短几天，反弹翻番。

中午前获利回吐。股价忽上忽下，错落有致。

回跌股似在向不敢追高的股民频频招手：一直上升你不敢吃。

跌跌弹弹，美滋滋苦辣辣地诱着你：吃？不吃？

让许多人心里捣鼓。

为求股市匀称美，也讲苗条在节食

童牧野语录：

有不少大户，包括机构大户，为在日后能吃到尽可能便宜的好股，不惜以持续多日的做功，造就一个低价环境。等自己吃够廉价好股之后，再在未来的升势中获得厚利。

[1]

每周加一肴，菜单有讲究。

上海股市管理层为了稳定股市，A股新股上市，每周只上一种，且只上社会个人股部分。

新股的发起人股两年内不得上市，内部职工股一年半内不得上市，此乃地方法规所定。新股的社会法人股年内不上市，则是官方的新政策，是给股市恐怖症注射的镇静剂。

至于每周上什么新股，决策者十分慎重，相当讲究。生怕胃口未大开之时，喂入盘子极大股票，造成消化不良甚至把股市噎坏。

近期上市的大多是盘子较小的股票。1992年9月2日周三，上市首家商业股豫园，个人股158万股。9月10日周四，将上市盘小绩优的工业股丰华圆珠笔，个人股60万股。

豫园股票的上市，是令上海股民极为瞩目的大事。它今生今世，算是一只新股。可它前生前世，也曾是一只老股。

它这老股重新投胎，出世变新股以后，在沪股熊市环境中是何命运，令各种老股的持有者，各种新股的持有者，肃然盯望。

作为老股，它是唯一有过万元以上收盘价的王子股。它的沉浮，对整个上海股市，有牧羊犬率领众羊的管帮带作用。

1992年6月14日，每1股老股（豫园商场）拆10，送8，配12，变成30股新股（豫园旅游商城）。

6月12日老股的终盘价8853元，相当丁后来变成新股的327.1元。

5月上中旬以5000元至6000元买进老股者，其新股的成本价在199元至232元。5月25日以最高的收盘价10009元套牢者，其新股的解套价在366元。

[2]

豫园上市前，8月24日至9月1日的连续7个交易日，各种沪股都存在强大卖压。

有不少大户，包括机构大户，为在日后能吃到尽可能便宜的好股，不惜以持续多日的做功，造就一个低价环境。等自己吃够廉价好股之后，再在未来的升势中获得厚利。

根据永生股上市首日8月20日开盘价偏高（290元），此后几天越走越低（次日285元，第三个交易日266元，第四个交易日256元）而能带动整个股市下滑的经验，有人在8月28日上市的胶带上动足了脑筋。

根据胶带的盘子大小、盈利能力与其他同类股的横向比较，上海大多数股民认为该股的当前心理价位在140元左右。

事实上，后来的8月31日、9月1日，该股都收盘在140元。

然而上市首日开163元，收161元。以巨资托盘一天。然后松手不托。令其开高走低，影响、拖累并夯实整个股市的股价。

尽管上海已经采用了：新股上市的头半小时，以集合竞价，确定开盘价的较合理方式。但是，众小户的众心所趋之报价的累计股数，若不敌机构大户的愿高价买所报巨额股数，便产生高价开盘。

反之，机构大户的愿低价卖所报巨额股数，也能造成低价开盘。

机构大户及其跟风者在8月28日吃进14万股胶带，占当前该股可流通量的三分之一强。该欲做空、先做多的群体，与次日收盘比，此项表面亏损达280万元。

其实真正亏损没这么多。一方面次日开盘乘高出昨日新购之货，日后打压到140元以下再回拉一个差价。就算此项真亏，以自伤行为，达到"先不利己，更不利人，结果利己，也很利人"的目标。善哉？

股市虽有沉疴，并非不治之症

📖童牧野语录：

　　其股价，像战斗机，俯冲而下，扫射完毕，拔地而起，复入云霄。

　　一切整理过程，都在 V 字形的下降，上升历程中痛快完成。

[1]

　　2009年9月2日豫园上市。开盘300元之后，曾瞬间走高到325元。当天下滑到259元收盘。

　　第二天有人把开盘压在245元，进一步创造恐怖气氛。众散户夺路而逃。续跌至229元收盘。

　　一些业绩不如豫园的股票，价格却大大在豫园之上。眼看着豫园落难下水，自知自己在岸上也难于久立。与其被动地被他人推落，不如自己主动抢先跳下，好见机返身打捞一个差价。

　　于是出现了一场持续多日的大水花跳水比赛。所有的股票共同赛跌。看谁跌得最快。

　　9月4日周五、7日周一、8日周二，豫园跳水后，闷水下潜，收盘跌至219元、185元、168元。

　　跌幅之大，使一些上海人精神失常（精神康复院客满）。一些在失常边缘者，只痛喊："抛！逃！随便什么价格，快抛！"

　　上海流传箴言："旧社会良家女子被人摧残，自暴自弃，为免独身，急于胡乱嫁人，不过如此。"

不惜任何低价急抛绩优股者，心存如下假定：等跌到谷底，发生水平横向盘整时，再回购不迟。

其实这个假定并非永远成立。有的股票会横向盘整个没完没了。

但也有一些绩优股，人人都想见底时立即抢先回购，于是也就消灭横向盘整。其股价，像战斗机，俯冲而下，扫射完毕，拔地而起，复入云霄。

一切整理过程，都在V字形的下降，上升历程中痛快完成。

当然，有些问题没解决之前，上海股市，熊气仍很浓郁。

[2]

上海股民比较担心《关贸总协定》对电子、化工行业的股份有限公司前景的冲击。

诚然，有的国内产品，靠了关税壁垒的保护，甚至有赖国家对同类外国产品实行进口配额许可证制度的保护。一旦这些保护取消，在公平竞争下，有的公司会洋相百出。

但我国加入该协定后，商业股会更加如鱼得水，无需走私水货，正宗低税洋货来路宽广，对外批发国货也更加畅通。

上海人还担心进口汽车对金杯汽车的冲击。虽非杞人忧天，也算沪人忧沈（阳）。

笔者认为，日本丰田流水线、美国通用技术，在华由中国低薪工人生产的日式、美式金杯汽车，质与进口车相当，成本更廉，经得起冲击。

犹如免税商店出售的日本原装彩电，在大多数上海消费者心目中，从实惠考虑，已经不敌日本流水线在沪生产的上海名牌彩电。

我想，深圳股市也存在同类问题，股民兄弟姊妹们，应该比在下想得更开，想得更细。

令上海股民寒毛倒竖，如剑悬顶的，是社会法人股到了明年什么时候会洪水决堤似的上市卖出？

迷信者怕僵尸厉鬼，都没上海股民怕法人股更怕。要恢复上海股民对股市的信心，就不能让法人股威胁个人股，也不能让已吓软腿的个人股拖抱着法人股共同淹毙。

为了避免公股大宗买卖对个人股小额买卖的剧烈冲击，避免由此出现的人心逃散，该让国家股、法人股等公股，只能在国家与法人之间、法人与法人之间交易。让它们股价或相近或相远，在市场中变化得更自然。

虽有病态，不是家丑

📖童牧野语录：

所有的发达国家和地区都遇到过股价暴跌。这是前进中的正常颠簸。不是什么家丑。

《证券市场》周刊编辑部按语：北京《证券市场》周刊上海记者站1992年10月29日邀请上海股市评论界行家座谈，20多位代表就"上海股市的症结和出路何在"的主题及"股市应否百家争鸣"的副题，畅所欲言，坦诚交流……

童牧野：

上海股市一而再、再而三地发生股灾式暴跌，而且在十四大召开期间跌得更厉害，不断创出新低点。

尽管上海官方新闻媒介作了低调处理，甚至让原先每逢周末必发股市评论的《解放日报》、《文汇报》、《新民晚报》，在1992年10月24日周六和25日周日，都对股市连续一周新的一轮暴跌不作任何评论。

但上海股市26日周一、27日周二，继续全盘下跌。上证综合指数泄至450点。

今年1992年5月25日收盘价2510元的电真空，10月27日泄至480元。短短五个月，暴跌81%，可谓惊心动魄。

我认为，这里面有几点值得汲取的教训。

教训之一：没有必要搞什么低调处理。

所有的发达国家和地区都遇到过股价暴跌。这是前进中的正常颠簸。不是什么家丑。

即使是对大陆政府持敌对态度的台湾《中国时报》10月16日第10版有篇《十四大召开，股市未捧场》的文章，也还是对大陆政府正确领导下的大陆股市的长足进步，流露着敬意。

上海股民也都很清楚，党的十四大是股市的利好刺激。股市之跌，完全是别的原因。如真空预案事件，七日之限事件等等。

上海绝大多数股民能够在这场股市暴跌的残酷洗礼中，不相信眼泪，更相信自己的未来和国家的未来。

教训之二：藏富于民，民富才会真正国富。

前一阵子，老百姓投资股票，发了合法之财，却惹不少人眼红。

这次股价暴跌，使很多股民煮熟的鸭子又飞跑了。对股民不利，对证券公司也不利。

目前上海A股跌近发行价。B股早已大幅跌破发行价。导致上海今后B股的发行严重受挫。

新的A股发行计划也大大受到影响。一些股民说：这次暴跌是好事。相当于母亲怀抱中的婴儿生了一场重感冒。从此母亲对婴儿更注意温暖，更注意喂养。

有的股份有限公司的董事会，已经认识到：国家发达，公司发展，股东发财，这三者是相辅相成的事。

教训之三：香港以前曾经在股价暴跌时乱了方寸，推出限价停板的蠢举，导致股市更深更长的危机。后来深刻反醒，悔不当初。我们上海股民希望政府能够镇静地不去明显地干预股价。

那种七日之限，虽出好意，意在保护股市和股民，效果却适得其反。

千万不能走回头路。别搞什么限价或停市。否则，因政策多变而引起股民恐慌，后果更加不堪设想。

要跌就这样跌个干脆。起死回生也就比较扎实。政府对股价高低可以不必太介意。

但对某些股份有限公司无视股民利益的行为，公司内部机制不规范，股东大会不规范，财务报表不规范的问题，则应严加整顿和监管。

唇齿相依，同舟共济

童牧野语录：

多年后，童牧野不喜欢在电话里议论股市。因为那是财神不喜欢的。财神更喜欢闷声发财。童牧野注销了所有手机。传稿，报单，通信，都采用了电脑、网络的无声方式。

通话时间：1992年11月10日周二下午。

这时，上证指数跌至400点收盘，创出新低点。通话达半小时之久，以下只是部分内容。

深：近来，深圳的一些股市评论家发表文章，认为深股"仍会继续走低"。我已经把深股资金全部撤出。可是散户买入，近期相当踊跃。你看了那些文章吗？

沪：拜读了好几遍。对深圳股市目前的状况有所了解。

深：现在我的资金想找出路。我想暂时去沪抄底。但时间不敢太长。一旦深股底部形成，再从沪股抽回，重返深股投资。你觉得怎么样？

沪：这有一定难度。目前沪股风浪比深股大得多。今年1992年深股是从热走向冷，跌也不像上海这么厉害。沪股则是从天上坠落人间，经常性地一天暴跌10%以上的幅度。

事实上，今年早些时候上海人44元卖深股发展，表面上漂亮，但抽出的资金一投进沪股，亏得比发展跌到37元更惨。还不如捂住发展一直不放，损失反而小些。

据说，前几天有个深圳人想抄真空的底。他欲吃先炸。本月5日以470元价格抛出1万股，满以为真空要被他炸下来。没想到这1万股真空出去后烟也没冒一点，反而价格又回到489元，使他一下子损失数十万元。

但他以为不管情况如何，至少真空底部到了。因此6日又重新在489元吃回。但是，10日真空又跌到453元。惨不惨？

当然，上海股市捉弄起上海人、深圳人，那是一视同仁。上海股民是很欢迎深圳人来助上海人一臂之力。上海人光凭自己的财力走出熊市，看来有点困难。

深：就像去年9月上海人抄了深股的底，现在我也想抄沪股的底。有来有往。沪股反弹，也可以使深股回暖。上海股市是不是已经跟去年9月深圳股市很像了？

沪：有点像。但不知是更像去年7月，8月的深股还是更像去年9月的深股，就吃不准了。上海人目前持币空仓者太多，这跟去年8、9月的深圳很像。

最近，沪股每逢暴跌，很多股民喜形于色，喜跌不喜涨。反映了上海人的过于精明，一方面想吃最便宜的，一方面又怕自己资金踏空。每当看到股价走稳或上升，就惶惶不可终日。

这可能是上海进入熊市末期的表现。

深：沪股9日与10日两天，一下子从457点跌到400点，是什么原因？

沪：这跟8日认购证新股交款截止时，发现果然有很多人放弃了某些新股的认购权有关。这使有的人担心有些新股上市时会不会瞬间跌破发行价。于是过份地恐慌。

今天，不少上海人认为，一级市场和二级市场已经在股价上发生了接轨现象。13日周五要上市的氯碱，发行价54元。

今天，54元以下收盘的股票有：电真空（453元，相当于拆细后45元多），轻机（45元多），嘉丰（46元多），中纺机（51元多），金杯（52元）等5种。

值得注意的是，延中和大飞乐昨天分别跌到60多元、61元多。今天整个股市继续暴跌时，它俩都稳稳地收盘在60元多。这两个股票的发行价都是60元。

这也许意味着：二级市场人们所以肯断臂，是怕股价跌到发行价。如果在发行价以下断臂，而市价又重返发行价以上，后者小亏比前者大亏更窝塞（沪语：心里堵了猪毛似的难受）。

如果氯碱走在54元稳住或走在54元以上，这对有些质地比它好而价格比它低的股票，会有向上刺激。若是长期投资，沪股企业平均素质不如深股企业。

也有一些上海人愿陪伴深股沉浮，两边保留筹码。

童牧野2010/1/24补记：多年后，童牧野不喜欢在电话里议论股市。因为那是财神不喜欢的。财神更喜欢闷声发财。童牧野注销了所有手机。传稿，报单，通信，都采用了电脑、网络的无声方式。

四两拨千斤，托市策略谈

童牧野语录：

　　散户企图钻机构大户的空子，知道延中、大飞乐可能上午低价而下午可能会被收上去，于是不少散户聪明过头，填了两张单子：上午填买57元，同时填卖60元（股票账户里已有昨天以前买进的股票库存）。以便自己啃吃差价后埋伏着让机构下午来收尸。机构偏偏让散户这种门槛太精的跑差价算盘落空。今天偏来个两股都收盘59元。

　　对话时间：1992年11月17日晚上。

　　这天沪股上午跌下去，下午回上来。上证综合指数收盘在393点。以下是对话的部分内容。

　　大户：上海的一些机构投资大户，在托市时，往往步调不一致。甚至互相混战以致多方主力、空方主力两败俱伤。混战时该注意哪些问题？

　　顾问：多方不可孤军死守某一股票的某一价位。如浙江公司曾在11月9日整个股市的暴跌中死守凤凰105元高地。不论卖方报价多低，他买价屹立在105元巍然不动。以致当天沪人6万多股倾销给他。吓得他第二天赶紧撤防。

　　今天凤凰89元。各股有明显的比价关系。另一种在沪上市的外地股票，也有数家机构做多。但不死做。很重视各股比价关系。顺流而行，逐步改变原先的比价关系。使它的股价从原先的倒数第一，慢慢变成倒数第四、第五。然后歇一口气继续努力。

机构托市，讲究有利可图，无可厚非。

氯碱以发行价54元开盘之后，抛单仍不少。原先说托的公司，有意不托。先看看恐慌性抛售到底会把股价压到多少。看准了之后，在50元左右谨慎吃进。

等条件成熟时，再看是否慢慢托到54元。让这个价位以下瞎抛乱逃的人后悔后悔。

实力雄厚的国营财政公司，前周就在托延中、大飞乐的60元发行价。

昨天16日眼看氯碱发行价不设防线。为防备延中、大飞乐的空方倾销，先上午撤防。让恐慌性抛单抛个够。让散户和散户自建食物链和生态平衡。

眼看两股全天最低价在57元，在收盘前才把它俩57元至60元卖盘，到底多少货色，一扫而光。

两股收盘都在60元。不硬托，适可而托。

托是为了股市不至于坏死，也为自己吸够低价浮动筹码。

大户：今天有散户企图钻机构大户的空子，知道延中、大飞乐可能上午低价而下午可能会被收上去，于是不少散户聪明过头，填了两张单子：上午填买57元，同时填卖60元（股票账户里已有昨天以前买进的股票库存）。以便自己啃吃差价后埋伏着让机构下午来收尸。

机构偏偏让散户这种门槛太精的跑差价算盘落空。今天偏来个两股都收盘59元。

顾问：各家机构托市，对股票明显有着选择性。

一是托股价已跌破发行价的。等于老百姓把认购证倒贴白送给机构让机构去认购原始股。

二是托每股净资产高、每股盈利稳定增长的股票。风险相对小些。

三是托不受关贸总协定冲击的一些第三产业股票尤其是一些绩优股（包括潜在的绩优股）。

实际上只需要托少数几种股票。其他股票会按比价关系自动排队。即使有足够的资金，可以托得住全部股票，也没有必要这样做。让一些内部混乱的问题股，沉入股票比价关系的底部，有利于层次分明。引导百姓建立起最佳股票的中长期投资意识。

大户：深圳《股市动态分析》周刊总96、98期都没有童牧野的文章，他是不是不写了？

顾问：那两期未登的童牧野文章，是《游戏规则变化后，不见兔子不撒鹰》和《机构硬撑，势如骑虎》。指出当时上海某些托市机构复又砸市的危险可能。几天后应验。那两篇也是准时从沪向深发稿。因故未登。

魂在月亮，下望沪股

童牧野语录：

　　人在海水中看海水，与在飞机上看大海，谁能更清楚地看清大海的全貌？

　　沪外人玩沪股，未必就比沪人玩沪股逊色。[1]

　　就像1991年9月上海人玩深股，比深圳人玩深股还要妙。

　　当时，每股3.6元的宝安，和14元的发展，深圳本地人不敢吃，上海人研究了这些公司的素质后，大胆吃进。深圳那边在排队卖出深圳的股票，上海却在排队买进深圳的股票。

　　深圳人在深股熊牛交接的底部，身在底部不知底，却被上海人远距离地感觉了出来。

　　我可以打个比方：人在海水中看海水，与在飞机上看大海，谁

注释

　　[1] 发表在《证券投资与创业》的初稿中，有以下这节被作者在定稿中删去："（1）开场白。承蒙北洋公司的厚爱，在下将在《证券投资与创业》半月刊，开辟一个'童牧野专栏'。北京《证券市场》周刊总35期有一篇记者写我的人物专访《股市评论家童牧野印象》，描写我是个'胆子很大，无话不说'的'微笑的圆脸中年人'。在这专栏里，我会直言不讳地说出自己对股市的看法，有时也向济南股友介绍一些被我刮目相看的其他许多上海股市评论家的各种观点。"

　　本文的另一个版本是《善意批评贵刊，热情问好合肥》，不同部分如下："今天我在上海街头买到一本第7期贵刊（11月22日版《证券投资》）。封底那篇遗漏署名的《股东是老板，理应受尊重》，全文摘自我发表在深圳11月2日版《股市动态分析》周刊的拙作《股民特别关心：是否受到尊重》。贵刊摘转其他刊物文章，应该注明作者谁谁，摘自哪里。这也是对作者和兄弟刊物的尊重。我这个上海股民，顺便向合肥股民问好。我在合肥生活过5年，是金寨路那所中国科技大学的近代物理系核物理专业1982届毕业生（在校曾用名：张卫红）。"

能更清楚地看清大海的全貌？

如果说上海人在上海股市中发生"肉搏战"，那么济南股友就是远远地用望远镜加大炮，瞄准上海股市，谁的战果更辉煌？

这样想，就应该树立必胜的信心。信心是股市中取胜的基本保证。

我作为上海人玩上海股票，为了克服人在海水中看海水的弱点，我常常想象自己从月亮上看上海股市，想象自己是个外地人，站在外地看上海股市。

事实上，我是从浙江考到安徽，从安徽分到上海，然后扎根在上海的移民。我爱上海股市是一种很冷静的爱。我对上海股市缺点的猛烈抨击，一年来大量地发表在深圳。我欣喜地看到，上海股市今年在大家的鞭策下成熟很快。

沪股从天上回到人间，暴跌了70%以上，吓得很多上海股民，可能会身在沪股谷底不知谷。

最近，深圳股友在和我交谈中跃跃欲试。说："就像去年9月上海人抄了深股的底，现在可能轮到我们来抄沪股的底了。有来有往。"

至笔者写此稿之时（1992年11月23日），上海人持币空仓者（前一阵子卖光股票现在捧着现金仍然不敢入市的）太多。沪股每逢暴跌，他们就喜形于色，喜涨不喜跌。反映了上海人的过于精明，一方面想吃最便宜的，一方面又怕自己资金踏空。每当看到股价走稳或上升，就惶惶不可终日。

这会不会是熊市末期的表现？

1992年12月，上海股票的每股面值从10元拆细为1元。原来每股市价几十元的成了几元，感觉上每股价位缩小到原来的十分之一。官方似乎在为鼓励股价的回升而创造条件，帮助股民克服畏"高"心理。

当股市不升对官方的不利更甚于对股民的不利时，就是股市该有转机了。上海A股不走出熊市，上海向海外发行新的B股就是一件令人望而生畏的难事。

鸣锣开道牛戏熊

📖 童牧野语录：

当股市的疲软，对官方的不利，更甚于对股民的不利之时，股市便已经充分酝酿了向上突破的能量。

在本周上海股市全面复苏之前，华南、华北、华中的一些大户和上海人切蹉入沪抄底的时机和围吃品种。其胆魄使我刮目相看。

1992年11月10日这天收盘时，上证综合指数落在400点。很多上海人在担忧指数跌破350点的可能性时，外地投资者却信心十足地向上海人请教年内回升到700点以上的可能性。不得不使我大吃一惊。

1992年11月11日我发给深圳的定期观察报告，题《唇齿相依，同舟共济》。向深圳股民的资金入沪抄底，发出隆重邀请。

17日继续向深圳报告《四两拨千斤，托市策略谈》。23日外地资金通过外地公司、通过上海公司的流入并包围上海股市的战役打响。

海外一份一向消息较准的报纸，早在一个月前，报道过：来自中国北方的静静包围上海股市而当时按兵未动的资金，高达百亿元。看来这笔资金已逐步显示其威力。

《壹周投资》有篇文章通过准确的计算，曾敏锐指出：沪股熊市不是资金不够，而是沪民心理出了障碍。

为了瓦解空头主力，这次多头战役，战略运用，十分完美。

先让两只新股联农、冰箱不断向上突破，让头几天抛该股者彻底心疼。让12月三只新股的上市绝对成为利多因素，有力地团结了认购证大军，使之不入空头军团。

同时网开一面，金杯、氯碱等股票，在战役打响后的23日、24日仍处于很低的价位，给空头主力投降并转化为多头，留一条共同致富的出路和捷径。

11月24日，我继续向深圳报告《夏天降温迎熊至，冬天回暖请牛来——空仓户与满仓户的辩论》。认为5月26日开始、11月20日结束的上海长达半年的熊市，是不知不觉开始，不知不觉结束。

政治稳，经济好，熊市没有理由迟迟不肯告一段落。

何况，当股市的疲软，对官方的不利，更甚于对股民的不利之时，股市便已经充分酝酿了向上突破的能量。

上海股票的拆细，是绝对的利好刺激，造成感觉上很大的不同，每股几十元的拆细成每股几元。跟深圳宝安权证是同样的价格数量级，等于是帮助股民克服恐高症。

股价再不回上去，谁比谁更发急？

要向海外继续顺利发行新的B股，必须要有健康生动活泼的A股市场，与之呼应。

人民币如果继续贬值，也是股票空仓户比股票满仓户更难受。假定人民币贬值一倍，那么股票的每股净资产通过公司资产重估就上升一倍（如35元资产重估，变成70元）。

而空仓户手中的人民币，1万元就只有5千元的购买力了。人民币与美元比价的价格走势，明显对债券和银行存款不利，而对刺激股市上升有利。

正像我回答深圳人时说的：不论中国股市还会有什么波折，还有哪些重大问题急需解决，我对我国的发达和深沪两地股市的发展，都抱欣赏和参与的态度。

童牧野2010/1/24补记：我后来的观点，与此一脉相承：正因为这里讲到的：人民币贬值，则股价上升是合理的。那么多年后，人民币升值，则股价下降是合理的。随着人民币的升值以及人民币的购买力变强，同样一笔人民币，可以买到更多商品（物价回落）、更多股票（股价下跌）。

熊谷敢吃套牢，后来骑牛逍遥

📖 童牧野语录：

夏天降温迎熊至，冬天回暖请牛来。

1992年11月23日上海股市进入牛市。能在这天之前成为股票满仓户的上海人，可谓凤毛麟角。11月18日我的一位律师朋友问我："我算来算去，觉得联农跟食品、豫园应属同一档次，怎么那两个100元左右，联农才70多元？是我分析的思路错了，还是这个股市有毛病？"我笑道："你没错。是股市它自己暂时迷路。"

他也笑道："我认套，今天就吃它。"

于是把剩余10万元资金，全部扑进80元左右的联农，到了11月30日，联农收盘205元时，那两个股票反而速度慢，才180多元。他那10万元投资在短短的一个多星期变成了20万元以上。

在牛市突然起动之前，华南、华北、华中的一些大户和上海人切蹉入沪抄底的时机和围吃品种，其胆魄使我刮目相看。

11月10日这天收盘时，上证综合指数落在400点，很多上海人在担忧指数跌破350点的可能性时，外地人却信心十足地向上海人请教月内回升到700点以上的可能性，当时使我大吃一惊。

11月30日上证指数果然收盘在725点。12月3日更是收盘在808点。

为了瓦解空头顽固势力，这次以外地资金为主力的多头战役，战略运用，十分完美。先主攻联农、冰箱这2只新股，使之不断向上突破，让头几天抛出该股者，彻底痛心，让12月三只新股的上市，成为利多因素，有力地团结了认购证投资大军，使之不入空头军团。

同时网开一面，金杯、氯碱等股票，在战役打响后的23日，24日仍处于很低的价位，给空头主力投降并转化为多头，留一条共同致富的出路和捷径。

夏天降温迎熊至，冬天回暖请牛来。

5月26日开始，11月20日结束的上海长达半年的熊市，是不知不觉开始，不知不觉结束。

政治稳，经济好，熊市也该适可而告一段落了。

何况，当股市的疲软，对管理者的不利，更甚于对股民的不利之时；当股市的疲软，使绝大多数上海人斩仓割肉，手捧存款，虎视谷底；股市，便已经充分酝酿了向上突破的巨大能量。

上海股票的拆细，也是利好刺激，造成感觉上很大的不同，每股几十元的拆细成每股几元，跟深圳宝安权证是同样的价格数量级，等于是帮助股民克服恐高症。

明年1993年要向海外继续顺利发行新的B股，必须要有健康生动活泼的A股市场，与之呼应。

不论上海股市还会有什么波折，还有哪些重大问题急需解决；从上海人在11月下旬狼一样争抢买进单子的又哭又笑的狂热劲头看，自认财力不足的上海人，跟着富裕的外地人转，开始对上海股市的后势有了信心。

牛市之中，仍有风浪

童牧野语录：

　　我把烤熟的鸭子，撕下一半吃了获利了结。剩下一半是否飞走就不怕它了。

　　上海股市1992年11月30日周一至12月2日周三，曾在720点左右徘徊三天。

　　12月3日周四，一举冲破800点。

　　然后在800点左右徘徊了三天。乐观者对盘整以后冲向1000点的呼声很高。

　　悲观者认为退到400点不可能，退到600点危险不能排除。

　　12月3日周四，嘉宝上升太急，带动整个股市急躁冒进。

　　我认为是个危险信号。不能排除有人要提前获利了结。甚至可能已经有人故意拉高12月2日、3日、4日上市的金陵、嘉宝和轮胎，造成新股高开走高而带动全体老股继续上升的气氛。

　　其实有人只不过用少量资金买进新股，却大量脱手各种老股，达到股市平稳中顺利出货的目的。

　　12月7日官方搭配着宣布一条利坏消息（1月份5个新股上市）和两条利好消息（12月11日开始，10万新户头可领取11月份登记的股票账户磁卡；12月10日周四，几乎所有沪股都拆细为每股1元面值）。

　　1月5日、6日、7日、18日、19日上市新股复华、水仙、申达、电器、新世界。按拆细算，前四个的1991年每股税后利都在2角之内。后一个是盘小绩优商业股。

前4个如走在10元以上成交价，意味着沪股平均市盈率维持在50以上。

一个月内放出5个。使人不得不警觉：如果股市继续快步走高，又会一下子放出几个？

有关方面希望股市回暖但又不想看到股票被炒得太快太高，用意明显。

12月中旬起，上海10万新股民作为买方预备队，如果恰遇股市大幅回档，让他们低价入市，有助于鼓励他们的投资热情。

把商业股中盘子最小的新世界作为1993年1月份新股上市的压轴戏，我理解为是对股市的一种保护。也就是，即使12月和1月上半月跌了，紧接着还是会回暖。

我认为中长期还是看好，短期可能有剧烈波动。

我在11月23日至12月2日守货观望。3日上午一看上证指数直冲800点，嘉宝股价又大大高出我的预期值。警觉果断卖光手中8个上市股票中价位较高的4个股票。其中的嘉宝，我按对方买进挂牌172元填报卖出价。

上午填报进去，由于交易所电脑之内委托单子拥挤，直到下午收盘以181元成交。

第二天该股开盘180元，很快下滑，164元收盘。

尝到电脑堵塞的甜头之后，4日周五，又卖出手中剩余股票的一半。

无论股市是涨是跌，我都欢迎。

涨，我手头总是还有卖不完的股票在增值。

跌，我手头也有这几天腾出的资金。随时准备再抄谷底。

我把烤熟的鸭子，撕下一半吃了获利了结。剩下一半是否飞走就不怕它了。

至截稿日，12月8日上证指数先扬后跌，753点收盘。

应在股市波动期间，灵活变动合适的货、币比例。防止低价之下还有低价。

现在已经不同于12月股价起飞前的上证指数400点。那时氯碱股票曾比发行价（54元）还便宜（50元）。现在毕竟比那时翻了一番。

那时入货要果断。现在入货要耐心。

那时入货，逮住股票都是赚。现在入货，要选择业绩好还不能价格较高的股票。

那时应怕资金踏空，现在要防股票套牢。要买就买那种即使套牢也不怕的股票。

童牧野2010/1/24补记：本篇中的"即使套牢也不怕"的侥幸心埋，是要不得的。多年后，童牧野的观念改成了：宁可踏空，也不套牢。

沪股被称猴市，大户喜打滑板

📖 童牧野语录：

　　猴市的部分原因是部分机构想获利了结，又不愿低位了结，于是不断地炒涨抛出。股价波澜起伏。我们个人大户，上看机构，下看散户，在夹缝之中求生存。

　　切磋时间：1992年12月15日周二晚上。

　　承上证指数1992年12月11日周五收盘722点，14日周一收盘705点，15日周二下滑到682点收盘。

　　作家Z：11日下午，我从收盘成交量排行榜的电脑显示，注意到你所在的W证券部，这天追涨统刮各种股票。29种A股中，独家占了其中13种A股的买进成交量排行头名。请问是你们个人大户在吃，还是W证券部自营买进？

　　诗人T：是他们自营买进。我们个人大户是10日下午指数625点时统刮。11日上午持股观望。机构自营的资金比我们大。他们11日下午突然统刮时，我们颇感意外，立即出货。

　　我们每人都有自己的独立判断，互相并不联手。

　　但是我们的委托单由营业员电话报给交易所红马夹，大家都听得清楚，知道彼此的动作。机构暗中也许注意我们的动向。

　　我们在400点满仓，800点清仓。本来不想卖，一看有人故意拔高新上市股票，看苗头不对，立即清仓。谷底进，峰点出。

　　机构可能暗中在向我们学习。其实，就像散户跟风会吃苦头，机构跟风也会摔跤。

作家Z：你们大户室的大户反应敏锐。我们的大户室不行，许多人在400点斩仓，资金踏空，心理障碍。直到800点下决心进货又被套牢。

话说回来，我从14日、15日的成交看，W机构自营吃进的部分，吐出不多，已属轻微套牢。

诗人T：是的。机构抢做多头主力，孤军包揽一半股票品种的买进榜首，是很有魄力的壮举。若是中长期投资，功德无量。若是短期投资，胜负很难预料。

作家Z：上海股市评论界，近日戏称近期上海股市属于猴市。你怎么看？

诗人T：股价一日多变，上窜下跳，活泼如猴，是猴市。猴市是做短线投资的良机。我昨天用一小部分资金，以每股16元8角买进联农股票1万股。今天以17元4角卖出，扣除费税，一天内小赚数千元。这是在今天收盘上证指数比昨天下滑23点的情况下赚的。这种猴市小赚，比牛市大赚还刺激。

作家Z：我在电脑成交显示中注意到你的这笔成交。你这是上午就埋伏在里头的单子吧？下午指数摸高712点时，联农股票瞬间升到17元4角，其他人赶紧想填这个价格卖，根本就来不及。你的这张卖单躲在电脑里被5个户头吃掉，得以完全成交之后，股价就在蜂拥而来的外地及上海部分机构的抛盘下全线下滑。后来联农股票收盘又回到你昨天低位吃进的价格16元8角，对吧？

诗人T：对。猴市的部分原因是部分机构想获利了结，又不愿低位了结，于是不断地炒涨抛出。股价波澜起伏。我们个人大户，上看机构，下看散户，在夹缝之中求生存。

今天下午多家机构大规模的抛单，使上午因行情较稳定而填买的散户吃足成交配对。

几轮下来，散户也学得很精明了。机构炒涨，散户轻易不敢追。机构炸市，散户跟着逃命，逃那么几步，又跑回来抢便宜货。

作家Z：我们也经常从大户室里出来，下楼到散户人群中走走，听听他们的牢骚和议论。

他们为了抢一张买单或卖单，很不容易。近日还常常半夜就排队，高价卖掉的股票，眼睁睁看到低价，抢不到机会，补不回来。

证券营业点还是不够。

诗人T：这种交易难，促使他们立足长线投资。大户室里跑短线，也是刀口舔血。今天我如果比17元4角多填1分钱就卖不掉。如果我要卖的联农多于1万股就卖不完。明天价格一跌，就亏本。

机构的船比我们大，掉头也就更难。还是股市稳定，人家都做长线省心。要不老没时间做诗。你老兄也好久没写小说了吧？

童牧野2010/1/24补记：打滑板，是快进快出的意思。多年后，这个词，渐渐淘汰不用了。取而代之，是更规范的说法：短线进出。

金杯好榜样，沪股怎么办？

📖童牧野语录：

　　有家上海上市公司，把十送x配y，x或y分别等于几，弄了6个方案给股东代表讨论。关键的配股价却不让股东讨论。这不等于白讨论？滑头商人做生意，比方说卖房产吧，开价每套50万元，可以卖给你2套（请你共付100万元）。同样这套房产，开价每套100万元，号称买一送一（也是请你共付100万元）。哪个方案随便买者选择。

　　笔者在1992年10月4日出版的《壹周投资》发表过一篇《金杯会不会成为来日黑马？》。我在众多股票中瞄准了这只体积庞大的外地股票。

　　在一些朋友称它是劣等股票时，在它从90元往49元一路跌去的时候，我以数十小批新来的资金投入养育这匹黑马。

　　1992年11月20日用最后一笔存款以每股49元继续认真拍进它的马屁。如今，它何止是匹黑马，简直是匹要慢就慢、要奔就奔的野马。

　　是它，发出了大熊过后第一声送配股的正式嘶鸣。

　　股价105元时，算算获利已有十万元。

　　我这中线伯乐，贪心不足，突然想起再拿它跑跑差价更好？这野马差点脱缰而去。

　　骑之鞭之，研究它的送配股正式方案，觉得给投资者、经营者，颇多有益的启示。

第一，避免个人股产生零股。它的十送三配七，可交易的每份认股权证，不仅包含了配股权，也包含了送股权。

出卖权证，意味着不仅仅卖出了配股权，也同时卖出了所送的红股。

原股是整数，送配相合仍是个整数，有利于交易，所以这份权证是较值钱的。

这个十送三配七而配股价3元5角，对我们股民来说，等于十不送只配十而配股价2元45分。

所以该权证的理论价格等于股票除权交易价格减去2元45分。

权证交易期很短（1992年12月28日至1993年1月29日）。意味着不鼓励人们炒权证。

何况，作为超级大盘股，及其权证，是不太炒得动的。

它航空母舰式地东游，或航空母舰式地南巡，不是锅中的小小糖炒栗子。

零头红股和零头配股，在权证中合为整数。这个经验，值得沪股一学。

第二，关键要给股民实惠。

记得有家上海上市公司，把十送x配y，x或y分别等于几，弄了6个方案给股东代表讨论。关键的配股价却不让股东讨论。

这不等于白讨论？滑头商人做生意，比方说卖房产吧，开价每套50万元，可以卖给你2套（请你共付100万元）。与同样这套房产，开价每套100万元，号称买一送一（也是请你共付100万元）。哪个方案随便买者选择。

选择等于没选择。

让讨论配股方案的股东大会，免谈配股价，简直是大会招集者在强烈地调戏股东代表。

金杯好就好在送几配几上不玩什么花头，送配的综合效果，好得让股民先是不敢相信，继而大喜开怀。

北方人的实在、痛快。这个作风，值得沪人一学。

第三，定向只配个人股。

金杯的国家股、法人股，这回只享受十送三的红股，不享受配股。其原因，公告里说得明明白白。以每股净资产值作为配股价，配给个人股东，是对长期投资的国家、法人及可长线可短线的个人都公平合理而皆大欢喜的美事。

对于几乎所有的沪股来说，国家股、发起法人股是按面值吃进股票，而我们老百姓原始股东却是按大大高于每股净资产的高溢价吃进股票。吃二手股的股民更是一直贡献，难得回报。

是该给股民一些甜头，让股民更有劲地贡献。

请看：金杯1992年12月21日正式公告送配股，当天上海人吃它劲头多大。18日周五人们收盘吃它只肯花10元45分。21日周一收盘人们追着吃它，肯花11元77分。22日周二开盘就是12元。

公司善待股民，股民珍惜股票。避免了那种有的沪股配股预案一出，吓得股民作鸟兽散的尴尬局面。

外地股在如何对待全国股民的正确作法上，看来是领先了一步。值得上海上市公司一学，并且迎头赶上。

第四，保持股票内质。

最令一些上市公司头疼的是质次股票，送配越多，越不值钱。

金杯之所以只配个人股，也为了避免每股税后利因扩盘而降低。它的中等业绩，考虑到它在12元现价除权后是7元多的新股价。

若在沪股指数700点左右，货比货那么一比，够其他沪股紧张的，不是金杯上去，就是其他有些个沪股下来。

所以沪股的送配股正式方案不可再拖，宜早不宜迟。否则沪股大海，起伏风浪，扰民春梦。

不看不知道

童牧野语录：

后来情况有所复杂化，也有部分报刊，自甘堕落，见钱忘义，配合庄家，用某些无能无德的分析师的一边倒的捧杀舆论，愚弄股民百姓高价追涨的。让后者成为庄家的派发对象。

朋友陪了一位股民Q君来见我。Q君谦虚至极，号称无论熊市牛市，自己只赔不赚。

原来他熊市割肉，割在谷底。盘整向上时，观望盼回落，资金全部踏空。牛劲足而股价跳空上涨时追吃，吃到了峰价再次套牢。然后进入新的一轮恶性循环。

Q君从来不买不看证券杂志。何故？他说怕被误导。于是坚持独立思考。

那干吗来问我呢？独立思考去吧您呐。

我眼前浮现出这么一幅图景：一个旅游者外出旅游，不买不看地图。怕被地图误导。可又急于找个人问问路。

于是问到了我。我还是建议他去买地图。

他说："每个星期一早上，证券公司门前的报摊上，证券杂志4种以上。每本都是2块钱一本。全买，不得8块钱啊？"

我笑到："花8块钱全买，好发发呀！我就是每本都买。"①

注释

①若干年后，我也是每本证券杂志都不买了。因为互联网上此类证券信息更多、更全、更快捷。而某些外国文学译文类的文学杂志，没有网络电子版的，我才去报摊买。

他问："我就买张3毛钱的《上海证券报》看看，难道还不够？"②

当然不够！那4种杂志，犹如炸猪排、红烧鱼、炒素、罗宋汤，各有各的味道和营养。互相不可替代。那份报纸也很好，是糯米饭。你每次去食堂，难道都只买一碗白饭吃吃，彻底不买菜吃？

股票投资者应该最讲究自身的物质营养和精神营养。营养不良，哪成！

他说："等我在股市赚了钱，再把证券杂志买个够！"

此君言论，老是激发我的灵感，老让我眼前浮现一幅幅图景：这回是一个人绝食做生意，说做成了生意才停止绝食，暴食个够。

我对他说："你股票早一天卖，晚一天卖，或者委托时报价少填一分，多填一分，这盈亏差额就可能远远超过几年的报刊费。你怎么这么死心眼？"

后来我发现：凡是股票投资真正做得好的人，几乎都很重视各种证券报刊的广泛收集。上述证券报刊都很畅销。在我经常光顾的点，一般是星期一的早上一两个钟头就被抢购一空。③

凡是向我讨教股市秘诀的，我一概一语献之："每星期一早上去哪里哪里买何种何种杂志，买来后精读三遍。这，就是我给你的秘诀！"④

凡是要跟我切磋股市技艺的，我一概先审查他的资格："某某杂志你看了没有？"

没看过的，我不屑与其切磋。

没看过而冒充看过的，蒙混不过去。

因为我谈股市，常常言词高度浓缩："这个问题，我完全同意某某在某某杂志上的观点。"

让他眨巴眨巴眼睛，我不再多说一字。

偶遇他滔滔不绝，我会一语堵之："你这观点，早被某某在某某杂志驳得体无完肤。看过吗？"

注释

②多年后，这份报纸倒真没有必要掏钱在报摊上买。其内容完全一模一样的网络电子版，比纸质版更早亮相，而且还是正版、合法、免费的。

③后来随着网络传版以及各地分印点的设立，星期六早晨就都报刊出版、运到各报摊了。

④现在该改成：有电脑、上网，博览相关公告、评论，多看赢家观点，并且兼听则明。

"没。"

"在这，看吧！"

股市评论家，风格多样化，观点多样化，相反观点都可以同时在杂志亮相，让读者自己用脑子去读。

比方说，1992年11月下旬的上海股市，熊市中级反弹论，和牛市启动初期论，两种观点及其理由都在杂志同时刊出。请君自己判断。

如果有失误，是读者误判的失误。杂志只是提供了多空辩论的场所。

读者是裁判。裁判瞎判，那是观赛不够仔细。该罚自己再读杂志三遍。

上海每个星期一的早晨，成熟的股民早早地购齐能购到的各种证券报刊，先睹为快。⑤

在股市开盘之前，已把所有的文章先浏览一遍。股市，终于培养出一大帮认真的读书人。

古人云：书中自有黄金屋。

咦？说此话者，若活到今，早成股市老手啦！

注释

⑤后来情况有所复杂化，也有部分报刊，自甘堕落，见钱忘义，配合庄家，用某些无能无德的分析师的一边倒的捧杀舆论，愚弄股民百姓高价追涨的。让后者成为庄家的派发对象。

送配未必都利好

童牧野语录：

> 还有一种股票内质本属高档，送配后内质降为中档，而除权后的股价仍在高档，也会被股民大量抛售，不容乐观。

1993年新年春季，许多股票将送股配股。有的股票已经率先在去年底送配或发出了送配的意向性消息。股民精于计算，对不同股票的不同的送配方案或预案，反应很不相同。

送配消息一出，有的股票立即疲软，有的原地踏步，有的则股价跃上一个新的台阶。

作为股民，我们已经注意到：

（1）讲究送配后的股票内质。

有的股票，送配后仍属中档，送配增股后的每股计划税后利仍能达到两三角的水平，而除权后的股价突降为最低水平，则这种股票仍具潜质。

有的股票，本来就属低档，送配增股后的每股计划税后利，惨不忍睹，以致公司公告只敢说计划利润多少多少万，不敢说每股税后利到底是几分钱？

但股民会算，不受蛊惑。

这种股票送配方案很尴尬，送得少，显得回报率低，送得多，送后的股票更垃圾。

如果送配后的股票内质属低档，而除权后的股价属中档，则这种股票当然暗淡无光。

还有一种股票内质本属高档，送配后内质降为中档，而除权后的股价仍在高档，也会被股民大量抛售，不容乐观。

宁可要中档而低价的，不要中档而高价的，这种投资策略，饱浸民心，送配也就未必都利好，具体股票得具体分析。

（2）还该讲究股票送配的天时。

金杯股票在新启动的牛市中第一家送配股，得了天时之利（当然它送配后仍是中档股票低档价，送配方案本身也很诱人，所以方案一出，股价就跳上一个台阶，在新的台阶再盘整）。

它的配股，将吸收掉2亿多元的股民资金。

别的哪家股票，今后拖拖拉拉，弄到最后最晚送配股，那时股民手中若已经是股票多而持币少，则送配对整个股市的刺激就未必再是良性的。

所以，送配，也是一件只争朝夕的事，新牛之期，送配越早越好，以免夜长梦多。

那种想等别的公司都送配完毕，自己总结别人的正反两方面经验教训，自己再唱压轴戏的，由于良机错过，反而可能被股民冷落。

风水轮流转

童牧野语录：

打个比较夸张的比方，摩托车应该比自行车贵。前者几千元，后者几百元，算是公道的话。如果同样这摩托车有人愿意出100万元向你买，同样那自行车有人愿意5元钱卖给你，你不妨换手。

金杯除权以后，一度立正稍息。轮到其他股票坐轿上行。

四大名旦，尤其大出风头。

所谓四大名旦者，大姐联华合纤，绩优工业股中，市盈率较低。机构又一直吃她，新年第一个交易周（1993年1月4日至8日）的涨幅，她最大，达43%。

联农，农产品商业股，新年第一周涨幅39%，居二姐位置。

三姐和四姐，分别是食品一店、豫园商场。新年第一周涨幅34%和30%。

四大名旦的身价，虽然还在四小龙之下，但，旦的近期涨幅已远远胜过龙的涨幅（新年第一周，音响、兴业、爱使、申华各涨14%、12%、10%、10%）。

新年第一周，金杯7元73分收盘，比去年底只涨6%。可谓原地踏步。何故？

因为社会上一直谣传其他一些低价股的送配股计划，可能比金杯还好。

于是，上海散户们基本上是兵分两路：要搏未知虚实的送配消息的，去逮其他低价股。要捞绩优股宁追价高的，去追四大名旦。

把除权后的金杯及其权证，晾在了一边。

上海人素有追涨杀跌的老脾气。一看金杯瘟住了，更抛金杯。

一想1993年1月19日上市的新世界（盘小，绩优，繁华闹市区的商业股），可能上市后只在高价位成交。可能会把同类商业股食品一店、豫园商场也拉了上去。

这新世界还未上市，新世界的仙气，已经把同类股食品、豫园薰得乐陶陶，提前产生了效应。于是，四大名旦互相攀比，都飘飘欲仙。

1993年1月8日我到散户大厅了解散户动向，他们异口同声要吃绩优股，几乎没人要吃金杯。

金杯权证更是不被看好，因为它2月份配股缴款一个月，等于是被关一个月。

高档股因为大家都吃，发生了质高、价更高，价比质高。

此中档股因为大家抛它的多，发生价比质低。

打个比较夸张的比方，摩托车应该比自行车贵。前者几千元，后者几百元，算是公道的话。如果同样这摩托车有人愿意出100万元向你买，同样那自行车有人愿意5元钱卖给你，你不妨换手。

于是，大户室里出现了与散户相反的作法：把炒高了的四大名旦等等，获利吐出。

当天回头吃进金杯或金杯权证。并且作好了最坏准备：如果金杯在1月份始终原地踏步，那就准备资金2月份老老实实去付配股款。它的下行余地小而上升余地大。配股款缴好，3月份等它解放出来，别的股票的送配股，尚在进行之中。

黑马奋蹄之后，休息休息，再度奋蹄，又成黑马，不是神话。

果然，1993年1月11日星期一，当食品一店、豫园商场分别在28元左右、29元左右拉锯盘整良久时，从11点钟起（确切地说，是1月11日11点11分），金杯及其金杯权证突然再次奋蹄。

金杯原地踏步期间换手了可流通量的近半筹码，此时卖盘已经空虚。在大家都醒了过来，都发觉它是价比质低，它的价格一蹿就从7元7角蹿到8元7角，几分钟内涨幅13%[①]。

注释 —————

①当时上海还不是搞上下10%涨跌停板的。

对上海股市来说，13常常是个吉祥的数字。一笑。

权证也马驹似地跟着奋蹄。

真是：风水轮流转。不论你看好的是什么股票，只要它真正是好股票，而且价比质低（相对于整个股市而言），你得有定心和耐心，等待它的起飞和回报。

我也看到，不少散户甚至大户，看到此股票是乌龟，彼股票是兔子，赶紧卖龟买兔。没想到买卖交割后，昨龟变今兔，昨兔变今龟。于是再弃新龟换新兔。结果，脱手而去的，总是龟成兔。抱进来的，总是兔成龟。他们真是：苦啊。

轮炒之后有陷阱

📖 童牧野语录：

　　玩股票，也得回避乐极生悲。股市总是有起有落。大起时你握的是股票。等你卖光股票，握的都是人民币时，股市它大落。股市乐极之前，你获利了结。股市生悲之时，悲不到你的头上。

　　1993年1月11日，我给山东股友们写了一篇股市报告《风水轮流转》。

　　那天的上证综合指数收盘在977点。14日收盘1086点。然后拐弯回档3天，收到19日的991点。

　　由于深圳股市春节休市12天（1月20日至31日），上海股市只休市4天（1月23日至26日），职业炒手们集中资金继续热炒沪股。22日（阴历除夕）达1100点。

　　春节后的第一个交易日27日（正月初五财神节），收盘1163点。第二天28日起，连职业炒手也已感到上冲乏力，多空反反复复较量后，收盘1150点。

　　从1992年11月20日的400点左右，到现在的1150点附近，短短2个月的时间，涨幅接近200%，可谓兔跑飞快。

　　豫园商城27日收盘价37元1角，相当于去年1992年老豫园商场的10170元。

　　也就是说，去年1992年牛市最牛的时候人们以每股1万元买进豫园的，现在也统统解套了。

金杯及其权证，27日分别收盘10元78分和7元48分，合计为18元26分，成为最赚钱的股票之一。它从1992年11月20日的5元涨到现在这个程度，涨幅265%，远远超过沪股的平均涨幅。

金杯和豫园一样，到1月27日这天为止，都不存在套牢筹码。

不像电真空，上海职业炒手联合南方职业炒手，号称以成亿资金强行炒它，其上方26元套牢筹码，仍未解套。

所以，不论在牛市还是熊市，持有好股和持有劣股，财运明显不同。区别好股和劣股，标准是多方面的。其中的一个标准是，董事会办事效率高不高？

豫园去年1992年6月的送配，金杯去年1992年12月的送配，都很爽气。打雷就下雨，雨后就天晴。

金杯这黑马，屁颠屁颠的，更是没得话说。除权前大大涨了一波，除权后立正稍息之后，又大大涨了第二波。等到四大名旦出够风头后，它又跳起来涨了第三波。

熊市谷底握有金杯的，握住牢牢不放，短短2个月，100万元变成300多万元，简直是第二次认购证式的发财机会。

上海一些老手认为，许多沪股的股价已经明显偏高。当一个大回档或者熊市再次降临的时候，高价劣等股票的大幅下跌，可能会把中档价格中档质地的好股，包括金杯在内，也拖下水去。

如果不存贪念，即使是好股，也不妨暂时放弃。让自己的资金先落袋为安。

再继续观察，随机而动。

我认为，今年（1993年）不怕没有新的投资机会。

去年（1992年）第三、第四批发行的新股，其上市报告书，近期将公布。

今年（1993年）上海证券交易所还得上市许多外地股票。其中可能会有新的黑马。

国家女子排球，也曾经辉煌过一阵，后来乐极生悲。

玩股票，也得回避乐极生悲。股市总是有起有落。大起时你握的是股票。等你卖光股票，握的都是人民币时，股市它大落。股市乐极之前，你获利了结。股市生悲之时，悲不到你的头上。

职业炒手顺势而作，火上浇油，能成一时。

一旦转势之后，若还逆势而行，雪中浇油，最后自己拉高，自已套牢，吃不了兜着走。

人人无畏购股之时，可能会出现隐藏的陷阱。近期是玩股者必须瞪大眼睛的时候了。

童牧野2010/1/30补记：金杯这个股票，从抄底到逃顶，到彻底不碰，青年时期的童牧野，善始善终地、心口如一地、言行一致地通过当时报刊的童牧野专栏，告诉了读者。很多读者因此而趋利避害，收获可喜。

也请空头谈心态

童牧野语录：

　　无论上海股市发生什么样的悲喜剧，股民都应想得开。上海股市，总是乐极生悲，悲极生乐。在乐与悲的两个极端，都埋伏着如此一群胸有成竹的股市老手。谁也不希望股市玩完。

　　上海股市以市百一店、华联商厦这2个绩优商业股为主帅，统领全休沪股，如天神下凡，从天上重返人间。滑翔而下，1993年2月19日收盘1500点，22日1456点，23日1367点，24日1265点。

　　这已经不是什么盘整，只能用暴跌，下泻来形容。熊市中的暴跌，也不过如此。

　　空头对此不感到奇怪，这本来就是他们意料中的事，只是来得太晚（越晚越激烈）。在空头看来，所谓第三波已经被多头自己葬送。鞭打快牛，让牛以赛车速度狂奔，牛已累死。活活累死的牛，已经没有什么晚年期，属于少年夭折。

　　空头肃然指点我：曾记否？1991年10月深股牛市发动后，正当大家热烈讨论何时再来第三波，11月中旬突然降临了长达4个月的小熊市。

　　上海1992年5月21日股价放开，老百姓还来不及计数这是第一波还是第二波？才真正地放开在牛市主升期牛了五天，熊市就已经悄悄来临。

　　从5月下旬到8月上旬，人们身在熊市不知熊。直到1992年8

月10日至12日的三天暴跌，才使多少人痛不欲生。到了10月惊回首：8月中旬割肉，原来还算是割在高价位。

如今1993年2月24日我问空头：今天暴跌100多点。您认为上证指数多少点抄底比较安全呢？空头也有空转多的时候吧？

空头答：不急。现在仅仅是熊市的序幕。很多人都想着要抄底时，底部还远着呢。目前许多大户室的大多数上海大户，还满仓状态。大多数股市评论家唱的也是多头小调。我可不想进去帮他们解套。等到绝大多数人辗转反侧，只想割肉，不想抄底时，等到现在的多头都转化为几个月以后的空头，而且很多散户都发誓永远不再玩股票时，我再考虑抄底的问题。我不看指数，只看人气。人气散得差不多了，大厅空荡荡了，也就是我蠢蠢欲动了。

我又问：您对后势怎么看？

空头答：对2000年还是后势蛮看好的。眼下不过是沪股中期不看好而已，原因是沪股被多头炒得失去了投资价值，只剩投机价值，造成了运动过速产生的休克式衰竭。

听了这席话，我想，无论上海股市发生什么样的悲喜剧，股民都应想得开。上海股市，总是乐极生悲，悲极生乐。在乐与悲的两个极端，都埋伏着如此一群胸有成竹的股市老手。谁也不希望股市玩完。

为夭折的沪牛而祈祷

童牧野语录：

1991年10月深股牛市突然发动，正当人们热烈议论何日再来第三波时，1991年11月中旬牛市突然心机梗塞。才一个半月的牛期，戛然而止。

上帝啊，请您收下它可怜的灵魂吧。

这里躺着的，是沪股之牛。

它生前是那么活蹦乱跳，那么令人喜爱。

即使它夭折了，人们都还想象它仍然活着。即使黑熊已经露脸，人们还以为是沪牛戴上了熊的面具。

早在1993年2月18日晚上的一次股评家的酒会中，我曾经说过一句："我对沪股中期不看好。"

只有上帝知道，我很温柔说出的这句话，是在点到为止地泄露您幽深的天机。

我顺从您的意愿，不把《沪股中期不看好》的文章投出，以免引起不必要的误会，怪我把沪牛吓昏。

我只是非常婉转地在上海1993年2月14日的《壹周投资》和北京1993年2月21日的《证券市场》，分别发表《股票钞票轮流捂？》和《微笑含蓄的上海空头》，向羔羊般善良的人们，用婴儿呻吟的力度，发出微弱的预警信号。

牛市不是葬送在空头手里，而是葬送在多头超级大户、超级炒手的手中。

这是人们始料不及的，也是中国又一新绝。

风口浪尖的多翻空者，在沪股到达今年新天价1536点之前，就已经乘高出货，并且决不打压股价，顺从多头的买价而成交。

狂热的多头主力，给沪牛喂饱了兴奋剂。

真正使沪股在3月1日连滚140级台阶，从上交易日1339点滚至1199点的，是做多不成反做空的多杀多的多头突围大军。早走一步的多翻空者，早已上岸观火。

一批又一批入套的人们，总是盼望第三波的出现。

我这股市老手，用沉痛的经验提醒大家：1991年10月深股牛市突然发动，正当人们热烈议论何日再来第三波时，1991年11月中旬牛市突然心机梗塞。才一个半月的牛期，戛然而止。

1992年5月21日沪股放开价格，人们以为沪股从此可用技术分析来做。才做了3个交易日，人们还来不及数第二波，1992年，5月26日起，熊市悄悄来临。

100人中恐怕99人，身在熊市不知熊。

如果一定要把所有A股全盘皆跌，一浪更比一浪低的连续表现不称为熊市，改称"整个大牛市中的中级回档"，那么干脆把熊市之辞从股市语汇中删除好了。

人怎么可以自欺欺人：任何熊市都是一个跨世纪大牛市的所谓深幅回档。

沪牛的提前夭折，原因是沪股不顾一切的过分炒作，造成与深股的距离远远拉开。

请读深股发展的最新财务报告：它的每股税后利1991年1元26分，1992年1元28分。最近计划每100股送85股配10股，盘子即将扩大近一倍之后，1993年的每股计划税后利仍能达到1元左右。

如果除权以后丝毫不填权，它的市盈率1和市盈率2，将在20多和30多。

这同上海许多股票无论如何优化送配方案，市盈率仍在三位数，距离是何等惊人！

如果沪牛不被炒手灌了兴奋剂，它本来可以多活一阵。

吸毒的青年，就死在青年期，没什么好奇怪的。

作为沪股的空头，我也时时刻刻为我的多头兄弟着想。

只有缩短深沪股票的质量差距，沪股之牛，才会死而复活。

沪股挣扎中的下滑，和深股徘徊中的上进，将有助于沪股，在痛苦的磨难之后，萌发新生。

童牧野1993年3月2日补记：

深沪两地股市，就像那两个著名的黑人赛跑明星。

其中一个服兴奋剂的，即使破了1992年自己1420点记录的，还是被罚了下来。

另外一个老老实实谨谨慎慎盘整的，才真正得在自己去年1992年312点的记录之上。

人如果可以说：任何熊市都是一个大牛市的所谓深幅回档。那么，整个人类史中，任何一场灾难，都能轻描淡写地说成是一次深幅调整。

上帝之手，就是通过市场的自动调节，控制了股市牛熊的生老病死。

上帝啊，自从我摘下了后背的两个翅膀，主动辞去天使的职业，您没有忘记人间寻乐发财忙得没空刮胡子的我。

教堂里的牧师不懂股票，于是请我为沪股之牛的安息，主持了祈祷仪式。

我知道，股民和读者，就是您身上的分子和细胞。

我已经紧紧地握住了您的手，感到您无穷的力量。阿门！

纵向比较谈风险

■童牧野语录：

玩股票能够这样七算八算，把风险算得清清楚楚的，是个常胜将军。这样的常胜将军，即使找刺激搞试验，输个次把，都很清楚自己输在哪里，其成功之母，就更伟大啦。

对于一些盘子特别大、指数权重很大的股票，不论买还是不买，要特别注意。

上海股市中的沈阳金杯汽车，其可流通股就达2亿股。它的沉浮，对上海股价指数的涨跌，影响很大。这个股票，在1992年熊市中上市，有过从160元跌下来，跌到120元盘了一阵盘不住继续下跌的表现。后来跌到90元左右又盘整了好久，最后跌到50元以下。

在它从90元往50元下跌的时候，股市老手们根据业绩报告和市场冷暖的各种资料，判断它是黑马：表面上黑不溜秋，日后大放异彩。

果然，后来它拆细、送配、填权，让股东大大发财。如果是去年11月中旬每股50元买进的，即拆细（原粗1股变10细股）后的每股5元，缴付送配股价格2.45元，这细1股又变成2股，这2股的总成本是7.45元，平均成本是每股3.73元。

1993年2月，该股曾经长时间维持在每股13元以上。也就是3.73元成本的每股，变成了13元以上的每股，那么每股获利近10元。在短短的3个月，股价已是成本的三四倍了，比沪股平均涨幅高得多。黑马也！

这时候，精明的股市老手又认识到：这黑马太快，成了野马、狂奔之马。狂奔过头，力衰而软，会变成休克之马。也有人说："黑马变野马，野马变疯马。"

后来还真的疯劲十足，疯到14元以上。然后摔下来，3月上旬曾跌到8元以下。令疯涨期吃进的人，大蚀其本。于是有人叹："疯马变死马。"

说"死马"是不对的。该股，其公司属稳健成长型。但疯期吃进也不对。

成长也没成长到这种程度。从13元摔到8元左右，摔幅挺大。新股民问："现在我吃它，风险又如何呢？"

翻翻股史，纵向比较如下。

如果沪股进入熊市，现在1993年3月8元吃它，相当于（去年）1992年熊市中135.5元（8元×2－2.45元＝13.55元，再乘以10，等于135.5元）。

而现在6元吃它，相当于去年熊市95.5元。考虑到它现在的可流通量是去年熊市中的2倍，而且现在其他可选择股票的品种也比去年大大增多，人们不得不认识到：去年熊市95.5元吃了，跌到50元时受腰斩之惨，但当时短期内就有送配股的盼头，出头之日很近；现在6元吃它，腰斩到3元倒不至于（股价3元时，其市盈率已低得同香港股市接轨），但下一轮送配股，年底或明年？却是不解近渴的远水。

今年（1993年）新的一批低溢价外地股票来沪上市，是对它的一种压力。

玩股票能够这样七算八算，把风险算得清清楚楚的，是个常胜将军。

这样的常胜将军，即使找刺激搞试验，输个次把，都很清楚自己输在哪里，其成功之母，就更伟大啦。

童牧野2010年1月31日补记：

这篇关照股民不要再对金杯之类帮自己大赢其钱的个股太生感情，该别再碰就不要再碰的提醒之文，于1993年3月9日写成当天，就传真给那份向我约稿的报纸。但那份报纸，并没有马上发表此文。

也许那位向我约稿的瘦高个的报纸青年编辑，想等此文被后续事实演变证实为正确才发表。

也许，与机构、庄家关系密切的这位报纸青年编辑，有意或者无意地留出一段足够长的时间，客观上，让列宁同志先走。

过了将近一个月，直到1993年4月4日，才突然发现，此文在这天的此报上隆重发表。此时，那股早已暴跌、阴跌数周。转熊前的预警之文，变成了转熊后的落井下石之文。

马前炮，传过去，拖了将近一个月，才发表出来，已经形似马后炮了。

那个报纸青年编辑，是人间第一个尊称我为"童千万"的人（好眼力，预言家）。当时是1993年，我那时并不是千万元级别的户头。现在回过头看，那时我还很幼稚，很弱小。

每当我重温此文，就会想到这个对我很热情的报纸青年编辑，可惜阴阳两隔已经很多年。

他在1993年的下半年，蜜月旅行到云南山寨。新婚燕尔，操挺过度。心肌梗塞于浪漫之夜。客死他乡。新娘携手新郎外出蜜月旅行，却捧着新郎的骨灰盒返家。

股民在股市中再怎么受宰割，都不会有这种不幸，够让人叹息了吧。

他离世前的几月，在一个上市公司新闻发布会的晚宴上，拍着我的肩膀，说出的一句箴言，永远鞭策着我："你该是童千万了吧？不，你以后一定是童亿万……"

这是充满善意的箴言。当时我无言地笑了。

在此，向他那瘦长、拖长的阴影，再度回报一个善意的微笑："你可溜得真快啊。"

沪股的脸色好不好？

童牧野语录：

人们百问不休：牛市怎会比熊市短？事实上，问这种问题的股民，比真正的书呆子还书呆。在中国人的土地上，什么奇迹不能出现？

如果1993年2月的沪股，不曾到过1536点，而是从1月的1000点左右，平缓地慢慢升到今天3月15日的1177点，那么现在可能仍然是持久的牛市。

沪股疯涨后的暴跌，使恶炒后的沪股，如狼吸兴奋剂的瘾君子，产生了如下熊态。

熊态之一：绩优股上市，高开低走，连连下滑。若在牛市，绩优股升劲最足。

熊态之二：绩平股上市，即使被淘气的电脑折腾到推迟一个多钟头开盘，努力开低，结果开低走高后立即就转为开低走高下滑（3月4日）。这不是熊气，难道是牛气？

熊态之三：送配最多的申华、爱使的送配公告，成了多头积极分子的拉高出货机会（3月8日）。典型的熊市特征：送配一个，玩完一个。

熊态之四：绩优股申华除权当天，不仅没有及时出现填权波，反而是除权当天转跌。股价更下一层楼。典型的熊市特征：除权一个，昏倒一个。

熊态之五：全国人大开幕的极大政治利好，也成为多头积极分子多转空的节日（3月15日周一）。这天指数从1236点大跌到1177点。临收盘时甚至发生割肉比赛。

多头问道："上海东亚运动会期间，上海股市没有理由出现跌势吧？"

空头答曰："同党的十四大、全国人大相比，东亚运动会算老几？"

熊态之八：证券刊物说哪个股票好，股市讲座说哪天会涨，股民就乘机专候在会涨的那天抛那个会涨的股票。典型的熊市斗智搏傻法。

熊态之七：多头主力开始改变口气，提倡买"抗跌性好的"。如果还是牛市，该说要买"上涨空间大的"。

沪股跑超短线而套牢者，眼看行情屏幕，焦躁地说卖方是坏人，说买方是好人。把多空较量，说成是好人与坏人的搏斗。

说得大家都无奈地直笑。

我想：如果越来越频繁地出现好人不好赚，坏人不坏分的现象①。就是熊掌一记更比一记沉重了。

人们百思不解：政治经济形势大好之下，怎么也会有熊市？

事实上，正是因为政经大好，炒手才有股胆包天，把沪股炒到天上以后一松手，就变成熊挂降落伞从天上回归人间。

1991年深圳政治经济大好下的长达9个多月的熊市，1992年上海政治经济大好情况下的长达6个月的熊市，都是市场机制对恶炒的报复。

1993年，中国人还听不得失业两字。说成待业。听人把熊掌说成牛蹄，把跌幅72%说成回档。或者不用熊市之辞，改用空头市场之辞。

我也很理解人们的美好愿望。

人们百问不休：牛市怎会比熊市短？

事实上，问这种问题的股民，比真正的书呆子还书呆。在中国人的土地上，什么奇迹不能出现？

注释

①坏分：沪语。坏账、蚀本、亏钱的意思。

身在大陆架，遥测深海沟

童牧野语录：

　　初跌反弹而横移的一个平台大陆架。注意横向盘整、反复上下折腾之后，是否会迟早突然下滑到一个深海大峡谷？

　　我在沪股只剩投机价值的时候，坚决地站在沪股空方这边。并及时甚至提前地向异地发出警报，以免兄弟省市的股友误吃被套。

　　上海的超级炒手想把沪股拉高后出货，他们自信逃起来会比异地股民快。

　　他们没料到自己在1500点左右炒来炒去，结果把自己套了个结结实实。

　　当我在外地发布危险警告时，当Z省证券公司总经理在1993年2月初就向全省股民警告沪股的高位风险时，大多数上海股民却充满了盲目的乐观。

　　部分上海股民本来以为的"去年（1992年）沪股熊市教训上海人，今年（1993年）沪股熊市将教训外地人"的预想，变成了：教训来，教训去，被套牢的主力仍是上海人。

　　我仔细地看了1993年3月20日公布的电真空1992年的业绩报告和送配股公告。该股票的1992年每股税后利，号称3角4分（把本该列入成本的奖励和福利基金也放在税后利中了）。其后几年的每股计划税后利为1993年1角9分，1994年2角2分，1995年2角6分。

　　3月19日电真空收盘价为15元6角。按10股送1股配7股（配每股

3元6角）。除权后每股10元07分。其1993年"市盈率2"为53倍。

如果沪股1993年"市盈率2"向深圳股票看齐（从投资安全性考虑），除权后的电真空万一不幸跌至5元，其1993年"市盈率2"降至26倍，可与目前深圳股票的投资价值相近（目前许多绩优深圳股票除权后的"市盈率2"将是20倍左右，详见《深圳商报》3月18日）。

金杯只给个人股配股，没给国家股配股。电真空的国家股、法人股得到的送配，与个人股得到的送配相同。相当于整个盘子进一步拆细扩大。

它的含金量比金杯低。所以除权后它的股价跌到金杯之下，在所难免。

沪股的下沉，主要不是缺资金。而是缺乏同深圳绩优股的竞争力。

深圳有的股票，业绩比上海绩优商业股好一倍以上。股价却只有后者的一半。

因此，沪股受深股影响而回归到合理价位，是必然趋势。

昨天（1993年3月19日）沪股指数1175点，电真空收盘价对应的除权价是10元左右。

若跌至5元，意味着指数到600点左右。

昨天金杯收盘价为8元6角。若被拖至6元，意味着指数到800多点。

换句话说，从中期投资价值考虑，沪股要把投资深股的实力大户的资金吸引回沪股，让他们回沪股抄底，这个值得一抄的沪股未来之底，大约在600点至800点之间。[①]

如果短期内探不了这个底，意味着沪股熊期将会延长，进入长痛。

由于去年（1992年）电真空、金杯分别在4元3角、4元9角（按拆细说）被人抄底抄得很漂亮，今年1993年会有很多人打提前量。

注释

①这句话客观上误导了庄家（要不然怎么有资格成为庄家克星呢）。后来大批机构在"600点至800点之间"的777点，构筑铜墙铁壁似的接盘。777，沪语谐音"切切切"（吃吃吃）。怂恿和自我怂恿：吃啊，冲啊。最终铜墙铁壁还是崩溃了。真正的底，在大家认定的底的下面。上证指数最终跌至325点。把护盘者活活腰斩，腰斩在屁股的位置。

不同的人，可选择自己不同的提前量。

提前量太大，就被套牢。会有不同时期的空转多者在不同价位，分期分批进去，分期分批抢帽子或者被套牢。

目前沪股很象去年5月下旬初跌反弹而横移的一个平台大陆架。注意横向盘整、反复上下折腾之后，今年（1993年）是否会迟早突然下滑到一个深海大峡谷？

股民自有铁算盘

■童牧野语录：

电真空就爱"电"股东！"电"得他们"真"的亏"空"！

1993年3月20日周六，电真空公布年度报告和送配股公告，在上海股市再次造成地震：22日周一的一天之内，电真空暴跌22%，居这天沪股跌幅之首（沪股指数这天跌12%）。

股民对1992年熊市里沪股指数跌72%而电真空跌82%记忆犹新。叹1993年电真空又给大上海的工人阶级（上海股民中，工人者居多）吃第二遍苦、受第二趟罪。

在2月15日指数冲1537点时，电真空曾冲到22元（尽管沪股指数超过去年最高点，电真空去年25元以上套牢者仍没解放）。

当时，上海的超级炒手，在各种场合宣传电真空的如下魅力：送配优厚（后来事实上是每10股送1股配7股），国家股不配（后来事实上国家股与个人股同权配股）。

炒手们当时在各种沙龙，号召把电真空炒到25元以上。

2月19日上海熊市来临。到了一个月后的3月19日，电真空已从22元滑到15元6角。其年度报告和送配公告发表后的第一个交易日3月22日，跌到12元1角收盘。

上海股民，心中自有铁算盘。他们说：电真空若按15.6元除权则每股10.07元，比8元的金杯贵（电真空的业绩及1993年每股计划税后利都远不如金杯。所以除权后其股价当在金杯之下）。

电真空也爽气，一天之内就满足股民的心算：除权后10元跌到8元，即除权前的15元跌到12元。其B股宣布配股价44美分，结果24日可享受送配股的原股收盘45美分。

上海有的大户，在20元左右买入电真空几十万股，不足一个月就亏损几百万元。电真空的1992年每股税后利号称0.34元（把本该列入成本的奖励和福利基金也放在税后利中了）。

未来几年的每股计划税后利，号称1993年0.19元，1994年0.22元，1995年0.26元，典型的绩平股。

股民继续心算它：如果沪股1993年"市盈率2"向深圳股票看齐（从投资安全性考虑），除权后的电真空万一不幸跌至5元，其1993年"市盈率2"可降至26倍。

从投资价值上说，买它仍然不如买目前深圳的一些绩优高成长股票（大多数上海股民不太知道许多绩优深圳股票除权后的"市盈率2"将是20倍左右）。

3月24日电真空通告要开股东大会，仍然坚持300万股持有者为股东代表。股民笑道：股东代表在22日一天之内就亏损一千万元（那天每股跌去3元5角，300万股便亏一千多万元），当不起！

这通告登出当天，它跌到10.69元收盘（相当于除权后的7.34元）。电真空就爱"电"股东！"电"得他们"真"的亏"空"！

沉重地说出一个轻松的故事

📖童牧野语录：

　　熊妹和牛哥，都大大咧咧对我笑道："童牧野你这个傻小子，干嘛老盯着我俩看个没完？好像要看透我们的心？"

　　股评家牛市说牛话，熊市也说牛话，对维护股市"安定团结"，是"好"的。但弄得股民伴熊如牵牛之喜，落入熊胃才反思，就太不好啦。

　　应该冒"万一失算，身败名裂"之险，熊转牛前，喜说牛话；牛转熊前，敢说熊话；也就是巴金老人提倡的说真话，才对得起股评家的称号。

　　当沪股靠大户的透支行为，撑杆跳高到1536点时，我冷静一想，如果没有透支这根撑杆，沪股要跳过这个高度，本来还得练好一阵子。除了这根撑杆以外，沪股还服了许多兴奋剂，比如：当时传说中的送配优厚，只优厚到个人股头上、不优厚到国家股头上，等等。

　　当时我梦见股票行情表里爬出一只熊妹，专门跟我心中的牛哥对话。

　　牛哥：上海的政治经济形势很好，股市有什么理由转熊？

　　熊妹：深圳1991年长达9个月的股灾（级别很高的熊市），就是在政治稳定、经济良好的情况下出现。上海1992年的股灾，也是在政治稳定、经济良好的情况下出现。中国特色的熊市，不是对政治经济的反映，而是市场机制本身，对过分炒作、疯狂投机的自然报复。当股票炒到失去投资价值，只剩投机价值，搏傻搏到最后一棒，被炒得冒烟的大牛就顿时变成了黑熊。炒手之所以敢把沪股炒到天上，就是因为政经都好，所以股胆包天。只是从天上往下看，业绩增长速度比不上股价上涨速度，后来者不肯追天高接。于是股价只好找个熊市当台阶，滑了下来。

牛哥：牛市居然比熊市短，这怎么可能？

熊妹：牛市都比熊市长，是牛顿定律吗？谁也没有证明过它！一般地说，女人的平均寿命，比男人的平均寿命长些。但您能说：世界各国每一个女人（每一轮牛市）都比每一个男人（每一轮熊市）命长？这不是自欺欺人吗？

牛哥：沪股空头卖光沪股，大把资金仍然存放在证券公司，随时都会重新买回沪股，所以沪股之熊期，长不了吧？

熊妹：这是沪股多头的一相情愿。沪空既然认定沪股是熊市，其退出的资金在重新返回沪股时，将十分慎重。1992年5月21日上海股价放开，牛市主升期牛了五天，熊市就已经悄悄来临。从5月下旬到8月上旬，人们身在熊市不知熊。直到1992年8月10日至12日的三天暴跌，才使多少人痛不欲生。到了10月惊回首：8月中旬割肉，原来还算是割在高价位。太多的人想着要抄底时，底部还不知道在哪里。太多的人辗转反侧，只想割肉，不想抄底时，当最勇敢的多头部队转化为磨难之后最愤怒的空头，而且太多的户头都发誓永远不再玩股票时，真正的底部，却在深邃的云雾中，若隐若出。

熊妹和牛哥，似乎交谈得特别融洽。我突然悟及：多头的恩人不是多头，而是空头。多头要买进价格合算的股票，没有空头的大量抛出，哪儿去买？同理，空头的恩人是多头。没有那些狂热的多头，空头的乘高出货，又谈何容易？

于是，当我成为沪股空头，情不自禁说出我低见的同时，很仔细地倾听沪股多头的高见；而当我摇身变成深股多头，又很耐心地察看深股空头的表情。于是，熊妹和牛哥，都大大咧咧对我笑道："童牧野你这个傻小子，干嘛老盯着我俩看个没完？好像要看透我们的心？"

紧急拔高的缘由和后果

📖 童牧野语录：

> 又出现一个新的N形。又是在右顶点死机。当天上午的两次死机后，全市各大户室能看到的股票指数即时走势曲线，走出了两个虚假平台。成了很漂亮的上升酝酿图形。

上海股市1500点稳不住而滑到1200点。当时超级炒手高喊1200点是底部。并用巨额资金吃股筑底，结果1200点没守住，滑到900多点。

如果900点守不住而滑到600点，对1200点套牢的筹码来说很严峻。

能否奋力把900点扳回到1200点，是套牢筹码生存还是死亡的厉害问题。

每当指数跌近900点时，就高度紧张地把盘中股票刮净。而且紧要关头，交易所行情传输会因故障中断，甚至交易所电脑死机。等到恢复正常，指数又不知怎样上去了。

反反复复。4月2日周五，指数勉强维持在944点。

1993年4月5日周一，临收盘时，用刮盘动作把指数升到比上个交易日稍微高一丁点儿的948点。尽可能给人以底部正在逐步抬高的美好感觉。

6日周二，《上海证券报》公布了两家公司的业绩报告。其中有家是税后利为负数。

这天开盘后，股市走势差点形成M形。

就在走出M字的N之右顶点时，交易所电脑死机达半个小时。

使得N的右顶点凝固。给人们以稳稳坚守高地的错觉。

股民的买单卖单也按这个凝固的价格填。等到电脑苏醒，股价奇迹般地不下，而是继续上去。给人以该跌不跌，必然上涨的感觉。

又出现一个新的N形。又是在右顶点死机。

当天上午的两次死机后，全市各大户室能看到的股票指数即时走势曲线，走出了两个虚假平台。成了很漂亮的上升酝酿图形。

这天中午的上海东方广播电台的股市节目，有位先生预测下午会发生抢盘和大幅上涨。

结果下午大户刮盘。股市跳跃上升。

这天以8亿元的成交金额，把指数推高到1058点收盘。暴升110点。

给人以行情发动的感觉。引人追涨。

第二天7日周三，国脉和众城两大绩优股上市。

老百姓如果专吃这两新股，会冷落其他45个老股。对整个股市上行有碍。

于是炒手采用了天才般的策略：不惜以任何高价抢吃这两个新股。让老百姓对这两个迅速拔高的新股想吃没胆吃。把老股留给老百姓吃。

这样，炒手可以节约资金。四两拨千斤。腾出陷在其他股票的资金，专门造高这两个新股以及把一个地产概念股金桥炒得个股价翻一番，以作示范。

这天成交金额20亿元。创出上海股市日成交金额的历史新高。

有这么多的买盘，也就有这么多的卖盘。整个下午呈现一波更比一波低的危象。

上午的造高，被下午汹涌的解套盘的奔出，一点一点揩掉。

临收盘的最后几分钟，又有人突然抢盘。给人以尾市上翘的余韵。

收盘1099点。比前日高出41点。

正当人们为第三天8日周四的沪股是否暴涨后暴跌而紧张时，早上发行的《上海证券报》给全市股民喂了一葫芦烈酒。头版头条大字标题道："三个月的时间虽短，又临几多震荡，但是上海证券市场依然是蓬勃向上，兴旺一片，这一切无不表明：上海证券市场正以稳健步履前行。"

头版还以红字标题"机遇就在你手中"而擂起了"抓住它"的战鼓。

而这月要上市的外地股票是哪家。这天仍闭口不谈。

于是股民捧报排队购股。互相鼓励："蓬勃向上，兴旺一片"，还怕什么？

这天上午交易所电脑再次频频生病。让排队的股民想吃难吃。吊了一个上午的胃口。

下午电脑正常时，超级炒手获利回吐的筹码，把随便什么股票逮住都要的抢抓机遇的股民，喂了个饱。

成交金额21亿再破新纪录。指数1224点收盘。

在1200点至1300点之间的超级炒手的前段时间的套牢筹码，在速战速决的拔高战中，痛快解套。

如果这以后疲软向下，散户只好自己救自己了。

沪股炒手的点火战术

童牧野语录：

许多沪民的特点是连续暴涨就追。超级炒手短时间把三个股票猛打得发烧，结果发动人气，星火燎原，烧红了所有的沪股。

1993年4月6日沪股多头行情的突然发动，之所以发动得起来，除了报界有关内部职工股管理的利好消息的及时配合外，沪股炒手资金火力的配合得当，是一大要素。

他们首先选中新股金桥，在讲座和刊物上吹起了进军喇叭。他们强调金桥是上海唯一的地产概念股，在沪横向无比较，又说它质优相当于深圳股票宝安。发誓即使整个大盘下沉，也要把它一枝独秀地炒上去。

金桥3月26日上市，当天收盘12.1元（上证指数1040点），4月5日收盘12.8元，6日收盘16.48元，7日收盘20.45元（上证指数1099点）。4月7日的指数比3月26日只高了6%，而同期金桥涨了69%；那些在上市首日9元多吃进的，没半月就获利100%，炒得很飘！

金桥的每股税后利是：1992年0.17元，1993年0.23元，1994年0.26元，1995年0.29元。宝安的每股税后利：1992年0.79元，1993年1元以上。

借那深股的高成长之形象，把这沪股炒了个天花浪漫。

在空头市场中发生多头专打一股大胜，直令空头肃然起敬。

上海炒手称金桥的那点税后利为"业绩甚优"，4月8日其股价一度炒到23元以上，如果深股宝安在沪上市，按税后利攀比去炒，岂非百元以上？

上海炒手说：如果宝安在上海上市，我们也炒它个不认识回家的路！

但上海炒手毕竟资金有限。4月7日国脉、众城这2个新股上市，如果散户不吃6日已经炒高的老股，专吃新股，则几十个老股有被冷落的危险。指数仍会疲软。

超级炒手们集中火力，在很短的时间，一边把金桥续炒得令人吃惊，一边不惜任何高价专吃那2个新股，使其股价让老百姓们望而大惊。

众城去年溢价1.2元发行，上市当天就炒到过38元，次日更是炒到过42元。鞭策老百姓去追吃别的几十种股票同新股攀比，电脑故障吊人胃口，终于爆发了抢盘现象。

许多沪民的特点是连续暴涨就追。超级炒手短时间把三个股票猛打得发烧，结果发动人气，星火燎原，烧红了所有的沪股。高位发烧的沪股同中位盘整上进的深股不同，沪股潮涨潮落，常用特别激烈的方式。

牛哥熊妹鱼水情

📖童牧野语录：

　　牛熊团结如兄妹，试看股市套住谁？

　　牛哥：哈哈哈！正当您期望着等待沪股滑到600点至800点之间，我一扬牛腿，把您从900多点踢飞到1300点。还需要我再踢您一腿吗？熊妹啊，没被我踢疼吧？

　　熊妹：爱踢就踢吧，我身胖肉胀的，您打亲骂爱的。过些日子，我再一屁股把您坐趴下，届时您也别太委屈啊。

　　牛哥：别说得这么吓人好不好？沪股人气，好不容易被我培养起来。您也应该和我共同珍惜才对。

　　熊妹：您以为您在积德？您这回挑金桥猛翻跟斗，跟1992年猛挑延中冲380元，是同一套拳路。1992年您直把人往上吊的位置送，1993年还想故技重演吗？

　　牛哥：算啦算啦，不跟您争啦。反正这回，或曰沪股从熊市反转为牛市，或曰根本就不曾有熊市，只是牛市中级回档之后，又复归牛市。不管怎么说吧，沪股1993年我唱主角啦。

　　熊妹：得了吧您！在沪熊连续剧里演了个牛小品，就臭美成这副德性！

　　牛哥：此话怎讲？

　　熊妹：台湾股市从天上滑落人间的过程中，也有过人气极旺的假反转和"迅速见底"的假底部。这种反转和底部，表面上看去助了牛，其实更助熊的后劲，使沪股复归合理价位的历程，从短痛变成长痛。这次"反转"如果达不到一定的高度而滑下来，整个走势图形可能更加难看。换句话说，沪空头对沪股的中长期走势将更加充满做空的信心：本来预期多少点可真正见底的，现在根本就不再提它了，认为长痛远远没完，真正的底部，眼下还远远没到讨论的时候。

牛哥：我的观点恰恰跟您相反！股民大多拥有股票，股票持有者当然盼涨而不盼跌啦，人们会想尽一切办法留住我而驱逐您。我相信人有多大胆，股有多大价！

熊妹：如果绝大多数股民买了股票就压箱底，认为值得长期投资，牛市也就有了群众基础。如今上海股民，手持高市盈率的股票，跟手持定时炸弹似的，随时准备扔出去换钱以保平安，甚至今买明抛，差价隔天甚至当天捞了就跑，忙得跟股市奴隶似的。这样的奴隶，一旦发生大逃亡，就是熊市的群众基础。沪股的特点，就像小童那首股市诗歌里描写的："排山倒海的铁骑，烟消雾散的哑谜"！

牛哥：反正咱俩说不到一块儿。怪不得人家要说我和您"牛熊大搏杀"。

熊妹：谁跟您大搏杀呀！我主持工作时，您可以来探亲探亲，帮助反弹反弹；您主持工作时，我也可以来探亲探亲，帮助回档回档。有位诗人，活学活用前人的艺术之后，他这样描写我们的关系："牛熊团结如兄妹，试看股市套住谁？"

牛哥：改一改，"牛熊团结如兄妹，试看股市热爱谁？"

熊妹：改得不错！好听多了。

牛哥：跟您练练散打，确实其乐无穷！

俯卧撑的巨人

童牧野语录:

　　俯卧撑的巨人,给人一种比较安全的感觉,即使撑不动了趴倒在地板上,落差也不会太大。

　　欣悉北京的个别网点,近日也将开始代理买卖深圳股票。全国股市一盘棋,在北京这片棋格上,沪股上了几枚白子,深股也将上去几枚黑子。

　　有竞争,有比较,首都股民的资金,可以向更合理的投资方向流动。

　　深圳股票与上海股票,总体水平上有明显的差别。深圳人把深圳股票划分为三个档次:每股税后利润在4角以下的,称为三线股。4角以上8角以下的,称为二线股。8角以上的,称为一线股。

　　上海人划分上海股票的标准则低一些:每股税后利润在2角以下的,称为三线股。2角以上4角以下的,称为二线股。4角以上的,称为一线股。

　　上海的绩优商业股,按上海标准属于一线股,但在深圳只能归入二线股。但其价位却比深圳同档次股票高出一倍以上。

　　例如:1993年每股计划税后利4角8分的上海商业股新世界,在沪属于一线股,今天(1993年4月21日)价位55元,名列上海股价排行前矛。

　　1993年每股计划税后利5角7分的深股武汉商场,在深属于二线股，今天价位22元，名列深股中游。

55元正好是22元的2倍半。

据统计，深股的平均市盈率是沪股的一半。

另外，深股比同样质地的沪股便宜一半。

造成这种现象的原因，主要是深圳股市的外地会员远远没有上海股市的多。各省市的股民资金，流向深圳，渠道不全，比流向上海不畅得多，也少得多。

我这个中线钓鱼郎，总爱往别太嘈杂的地方走。于是把资金的绝大部分投向深股，因为她没像沪股那样炒得过爆，还留有较多的上升空间。

我把深股比喻为正在练俯卧撑的巨人。她的头发（股价）现在距离地板很近，一旦她站了起来，其头发（股价）就该我仰而视之了。沪股呢？也是巨人。已经双手吊高在气窗上，我已经在仰视她，就怕她双手累了，一松手就两脚落地。

于是我成了深股的多头和沪股的空头。无论从言论到实践，言行一致。

南方有种说法：深股和沪股的走势会不会互相印证？

也就是说：手挽手，或者向上同行，或者向下同行？

据此，一些炒客眼睛盯着沪股的变化来做深股。

看沪股涨得将回档还没回档时，赶紧卖深股。看沪股跌得将反弹还没反弹时，赶紧买深股。

这种精明的人越来越多，于是自然而然演变成深股与沪股的相反走势：沪股暴涨则深股微跌。沪股暴跌则深股微涨。越来越像跷跷板。

我遥想不久的未来，深股和沪股，将会出现一个胜利会师的场面。她俩的市盈率互相逼近。深股慢慢向上往沪股看去。沪股慢慢向下往深股靠拢。

深圳股市为各省市广泛连通买卖渠道之后，随着深股的身体逐渐发热，和沪股的头脑逐渐冷静，俯卧撑的巨人和吊气窗的巨人，都会走出著名模特的一字步。站在中国这个股市的大舞台上，亭亭玉立。

眼下，她俩还各玩各的。俯卧撑的那位，在地上撑得有滋有味。而吊气窗的那位，在气窗上翻上翻下，动作幅度很大，也吸引了众多短线客的视线和钱包。

于是有些忙人，乘虚择佳，抱了一大堆俯卧撑的股票，回家安稳养神去了。俯卧撑的巨人，给人一种比较安全的感觉，即使撑不动了趴倒在地板上，落差也不会太大。

随机漫步

📖 童牧野语录：

这类在不同市场、不同时期，需要不断调整所谓参数的指标，其实是貌似有用而最终无用的指标。其假定的前提是：未来必须同过去具有同样的脾气。而这种假定，往往未必成立。

有一种三军大搏杀指标（随机类指标的改进型），当红、蓝、白三条曲线（多头、空头、滑头）交叉，并且滑头曲线向下挖掘时，为赶快满仓的最佳时机。当这三条曲线交叉而滑头曲线向上喷吐时，为赶快清仓的最佳时机。

经过一段时间的摸索，发现它的参数设置得当与否，关系到整个判断的大是或大非。

如果参数太大，它一年只给你两次信号，去年（1992年）1400点时叫你清仓，去年（1992年）400点时叫你满仓。其余小的进出时机，它忽略不示，闷声不表态。

如果参数太小，它每个星期叫你忙进忙出，而且经常豁边。今天这个价位叫你买进，后天这同一个价位，叫你赶快斩仓。令你哭笑不得。

那么参数大些比较合适？也不。

去年只给两次信号的那个参数，今年（1993年）先是立了一功：2月份的1500点时叫你赶快清仓。但是4月初的900点强劲反弹时，它却认为可吃可不吃。这么大的摇张机会，让它眼开眼闭地白白放过去。

事后我质问电脑：你怎么可以这样装傻？

它反问：谁叫你规定我一年只给你两三次信号？信号只好节约着用啦。

于是我对它放宽政策：不仅类似于2月份1500点的清仓时机仍要及时告诉我，类似于4月初的900点哪怕是个阶段性的底部，也要提醒我好好地进去捞一把。

电脑反诉：请你降低参数试试！

当我用更为严格条件精心测试，终于调试出一个满足上述要求的参数时，发现这个参数比深圳股市的同类问题适用参数要小得多。

这个适用参数的较小，意味着上海股市的变脸速度比国内外其他股市快得多。当电脑凭大参数叫你清仓时，它给你留足提前量。你可以笃悠悠清仓。

但它凭小参数叫你清仓时，它给你的时机是比较短促的。头天晚上给出清仓判决，次日开盘就得抛。稍有延误，股情就会打肿股东的屁股。

童牧野2010/1/24补记：这类在不同市场、不同时期，需要不断调整所谓参数的指标，其实是貌似有用而最终无用的指标。其假定的前提是：未来必须同过去具有同样的脾气。而这种假定，往往未必成立。

恶炒恐有恶果

📖 童牧野语录：

当跟风者认为这个股票短期内下去总会在短期内上来时，恶炒者终于完全放弃这个价格太高的股票。另煮别的鸭子。

上海股市，送配股题材没啥好炒之后，就炒概念股。

概念股炒得焦炭般冒烟后，就炒无题材。

所谓无题材，就是这个股票没啥好。正因为它没啥好，它价位没有好的高。

打它上去。恶炒积极分子的口号是：炒它没商量。

这种炒它没商量的炒法，最终将把一些人炒送到上吊的位置。把股市炒成重伤。

股民想：老股都被炒过了。要买就买新股？

今天（1993年4月26日），上海的爱建股和四川的乐山电力股上市。

开盘前，大户室和散户厅，都递进大量的买单。

绝大多数买单，填爱建35元左右，填乐山电力25元左右。

一开盘，这些单子全都成了废单。开盘价远远高于SD的民意测验数字。

爱建42元开盘。瞬间摸高48元。收盘45元2角4分。

乐山电力37元开盘。瞬间摸高50元。收盘36元5角。

今天（1993年4月26日），上海上市A股已达到50个。

　　5月份还将上市8个。估计年内沪股市场上市A股将增至100个左右（参见1993年4月11日《中国证券报》第7版肖灼基言：中国深沪两地股市到今年年底上市公司可能达到200家）。

　　恶炒者恶炒沪股，最近感到有点筋疲力尽。毕竟资金不够。

　　于是广泛联手之后，集中资金炒一两个股票。让它涨得令人难以置信。逼其他股票向它看齐。

　　恶炒的后续资金不足。就把资金反复使用：上午买，下午卖，腾出资金。

　　第二天又上午买，下午卖，再腾出资金。

　　然后第三天下午买，第四天上午卖。忙个不停。

　　让有的股票，价格下去了再上来，再下去了又上来。

　　当跟风者认为这个股票短期内下去总会在短期内上来时，恶炒者终于完全放弃这个价格太高的股票。另煮别的鸭子。

　　恶炒者不仅有上海当地大户，也有异地大户。

　　如四川大户在四川从原始股东手里收购了大量乐山电力，为了把这个业绩水平跟10元市价的金杯差不多的股票，卖出数倍于金杯的价钱，就先把一个业绩水平不如金杯的上海新股申能（电力股）拉到2倍于金杯的价位。把申能定位在20元以上后，业绩比申能好的乐山电力也就扬眉吐气在令人大惊的高价位了。

　　申能的总盘子为24亿股。其中国家股21亿股、法人股2亿5千万股暂未上市。可流通的个人股只有2千多万股。计算上证指数时，以各股的总盘子为指数权重。

　　操纵区区2千多万股可流通的申能，就把上证指数给操纵了。

　　如果别的49种A股都不涨不跌，光是申能涨跌4元，上证指数就涨跌100点。

　　1993年4月26日，上证指数跳到1345点，同关键时刻申能往上升了2元4角5分（23日周五收盘21元3角5分，26日周一收盘23元8角），很有关系。

　　申能上扬，对这天上证指数冲破1300关口，贡献最大。

　　高位思危：申能国家股（12倍于现在金杯的流通量）迟早要上市。还有实力大户控制的申能流通筹码，一旦炸出来，指数又该高空跳水表演了？

股市也有无期徒刑

童牧野语录：

　　股票投机者，不怕短期套牢。股票投资者，不怕中期套牢。但是，都害怕长期套牢，更害怕无期套牢。割肉抛股，相当于无期判决后的越狱行为。

　　有好几种上海股票，在去年1420点高峰时创下的天价，直到今年股价指数再创新峰1536点时，仍然远远没有解套。

　　估计今年1536点时摸高套牢的有几种绩平投机股，在多年后股价指数再创新高时，仍然无法解套。

　　为什么会这样？

　　股友问我，我入梦转问股仙。

　　股仙指点我说：一脚盆洗脚水，在沙漠缺水地带，供人解渴，可卖出金贵之价。拿到鱼米水乡，这浊水还想卖出沙漠境遇中的天价，难不难？

　　是啊！去年（1992年）5月1420点时，沪股市场已上市的A股只有14个。

　　今年（1993年）2月1536点时，沪股市场已上市的A股只有36个（5月4日已达54个。5月底将达58个）。

　　估计年内沪股市场上市A股将增至100个左右。

　　未来岁月，股市指数总会创新高。有潜力的好股，会超过平均涨幅；而有的劣股，或涨幅低于平均涨幅，或原地踏步甚至逆涨势而独下行，甚至业绩糟糕而被停牌下市。

过去不相信的事，今后陆续看到。股市大锅饭正在彻底打破。

股票投机者，不怕短期套牢。股票投资者，不怕中期套牢。但是，都害怕长期套牢，更害怕无期套牢。

割肉抛股，相当于无期判决后的越狱行为。

有的股民自我鼓励在任何情况下决不割肉。在我听来就是受了冤枉也决不越狱。

没有哪个律师居然耸恿当事人越狱的。

同样也很少有哪个股市评论家敢"股"胆包天，指点股民：具体什么股票在具体什么价格应该割肉的。

我等股民只好自我权衡。不以发疯的行为换取可怕的后果。

我们面对股市，处于社会，都该眼睛睁亮，玩得仔细。不要玩伤了自己。

粗野与诡秘

📖 童牧野语录：

　　此篇之所以立此存照，是要让自己和大家都知道：本帅当年是个小兵的时候，曾经很傻样，还自以为很聪明呢。其实只是比更笨的笨蛋少笨一点而已。嘲笑股市时，也别忘了嘲笑自己的过去。

　　1993年5月4日上海有4个新股上市。

　　前些日吃饱金桥的第二梯队多头主力，企图拉高新股外高桥，而实施同一板块的金桥跟高出货的战略计划，惨遭散户兵团不约而同的迎头填鸭。

　　这天，外高桥高开45元，瞬间摸高到50元，收盘37元5角。

　　金桥这天一度拉高到36元5角，接盘太少，迅速下滑，收盘31元7角。低于前交易日的收盘价33元9角。

　　（1）沪股综合指数的三军大搏杀指标（随机类指标的改进型）：4月15日出现可以卖出信号（当时指数1270点左右）。4月21日出现高位搏傻买进信号（当时指数1230点左右，风险度50%左右）。4月28日突然出现立即清仓的信号（当时指数1370点左右）。至5月4日仍显示继续空仓观望信号。这天空头曲线把多头曲线压得抬不起头，滑头曲线远离它俩。

　　（2）沪股申华的三军大搏杀指标：4月17日显示可搏傻买进（当时价位33元）。4月28日显示立即清仓（当时价位36元）。5月3日出现多头陷阱（多头曲线出现倒V字，滑头曲线出现正V字，空头曲线走稳走健，这天该股乘报纸上的一则利多报道而出现了一个一日行情的拉高出货）。今天（1993年5月4日）该股K线图亮出大阴线，34元收盘。三军曲线仍在近战，与沪股综合指数的走势略有不同。

（3）深股综合指数的三军大搏杀指标：4月16日出现跑短线者可减仓信号（当时指数337点左右）。4月26日出现加码买进信号（风险度30％，当时指数327点左右）。4月29日出现空头陷阱（同一天交替出现卖、买信号，平稳抬身的空头曲线把双双急剧拐弯的多头曲线和滑头曲线戏弄得够呛）。今天（1993年5月4日）（收盘指数331点），三军并肩而行，持仓滑头曲线，对略有胶着的多头曲线、空头曲线，虎视眈眈。

综上所述，两地股市的近期表现，有着明显差异。沪股表现较粗野，而深股表现较诡秘。

童牧野2010年1月31日补记：

此处所谓三军大搏杀指标，纯属当年无知者无畏而搞出的东西。后来彻底弃用。原因在于单边市中，它会跟KDJ那样容易钝化。

此篇之所以立此存照，是要让自己和大家都知道：本帅当年是个小兵的时候，曾经很傻样，还自以为很聪明呢。其实只是比更笨的笨蛋少笨一点而已。嘲笑股市时，也别忘了嘲笑自己的过去。

打她下去再爱她，您见过吗？

童牧野语录：

天天吃水果的人，总希望市场上水果天天都这么便宜才好。

沪股的股东代表，大多把注意力集中在送配方案上，有的董事会在股东代表们的鞭策下，只好上报一个太好甚至好到批不准程度的送配方案，不等批准，就宣传出去。

有位上海上市公司的董事长，对他的朋友们说："送配方案不搞得登峰造极，股东大会不通过；搞得登峰造极，管理层又不批准。报上去的送配方案，我根本不相信它会被批准。为了不让你们吃药，你们若还持有阿拉公司的股票，还是赶快乘高把它卖光吧。不是阿拉的股票不好。等上海送配闹剧结束以后，等东亚运动会的利好刺激过去以后，你们再把它重新买进好了！我当然希望你们对阿拉公司长期投资，但是我实话实说……"

洗耳恭听的众哥们，纷纷为董事长的坦率而鼓掌。

深圳则与上海不同。深圳宝安今年（1993年3月）的股东大会，财气颇粗的股东代表们，对公司十股送三股的方案（横向比较，这算是送得较少的），根本就无所谓（股票含金量大，也挺好），更注意抓紧大会时间，对公司的业绩和前程，做出很有分量、很仔细的审议（比方说对某一个具体盈利项目的经营方向和盈利水平，提出严密的质询）。

宝安拥有已在深圳上市的武汉商场、四川盐化的原始股，分别占这两家总股本的7%以上和14%以上，即1千万股和2千万股。

今年（1993年）3月发表的年度报告中对它们的价值叙说是：3500万元和6400万元。

其实，其市值现在是5亿元。此外宝安还拥有中国南方证券股份有限公司的原始股4千万股。对这些公司原始股的这几笔投资，只不过是家大业大的宝安的小笔投资而已。

它的触角伸到深圳、上海、武汉、海口、北京……的巨额房地产业，每个方向都是上亿元的资本投入。由于年度报告对盈利水平的预测特别谨慎，股东大会上被会算账的股东代表一问，问出谜底如下：1993年预测利润4亿元，但内部下达了8亿元的利润目标（参见广东1993年4月15日公开出版的《投资者》杂志总14期第15页）。

换句话说，根据4亿元利润算出的每股税后利润在1元以上，那么如果内部下达的利润目标实现，每股税后利润就在2元以上了。[1]

当然，宝安董事局的一贯作风是稳健，他们关照股东代表，别去宣扬虽好但毕竟还有待争取实现的事儿。

股民要作最坏的心理准备，宝安股本结构中的几千万股的法人股，深圳股民很担心它们一旦抛出来冲击股市，怎么办？

所以有关宝安的大甜头，最好别宣传，以免法人股在高价出货，把接盘的个人股东套牢。

个人股东尤其是吃了大量宝安还觉得没吃饱的股东，不希望宝安涨价。

目前20元左右市价的宝安，1993年市盈率20左右，如果那8亿元利润目标达到，1993年市盈率就是10左右。吃它跟吃原始股差不多。

这种股票不涨价就当它原始股还没上市。有的超级大户每当弄到新的一大笔钱，还想再吃点，就用已有的手头筹码砸它下去，再吃回来。

天天吃水果的人，总希望市场上水果天天都这么便宜才好。

于是，宝安的三军大博杀曲线图很有特色：它的空头曲线、多

注释

　①相关人士的豪言壮语、豪情满怀，与后来冷酷的事实，差距还是很大的。此篇中，作者还没真正摆脱对个股不动感情、不生真情的弱点。立此存照，自我批判。

头曲线和滑头曲线，常常纠缠得难解难分。

大空头和大多头，有时就是同一个人在上周、本周的不同身份。把宝安炸下去，炸得很卖力的，恰恰是宝安的发烧友。[2]

注释

[2] 炸下去以后，希望它起来时，也永远起不来了，叶公好龙者（不，叶公好脓者）就该傻眼了。

以疯养疯变麻疯

童牧野语录：

多头企图乘此东风，把股市迅速拉高出货，然而股市瞬间拉高后，大家都想"东风吹，战鼓擂，卖高位，谁骗谁？"

1993年5月4日，上海4个新股上市。

一开盘，就都被恶炒者瞬间炒到登峰造极的绝地。1993年每股计划税后利仅0.19元的外高桥保税区股票，开盘45元，瞬间摸高50元。饱吃金桥的第二梯队多头主力，为了把与外高桥同属浦东概念股板块的金桥拉高出货，就把外高桥刻意造高。

金桥瞬间还真的跟外高桥而上去。但是金桥从34元跳到36元就上升乏力，炒手自己拉它到36元就出现36元，股民已不敢再追高。于是金桥重新疲软回落。吓出汗来的炒手，发现自己恶炒外高桥，纯属偷鸡不着蚀把米，无奈被迫放弃对外高桥的继续造高。

这天外高桥收盘37.5元，金桥收盘31.7元。股市以其市场的自然机制，对以疯养疯的疯狂恶炒者予以迅雷不及掩耳的戏弄。

随着多头主力的见状丧胆，爆发了争相逃命的多杀多行情。这天的上证指数比前一个交易日下滑111点，从1352点下滑到1241点收盘。股民戏称这5月4日青年节，变成了上海股市的泼水节，把获利盘的股票，泼水一样泼出去。

1993年5月5日1246点收盘，似乎比5月4日微微抬了一下头，微升5点。5月6日再次出现多杀多的拥挤，股民争相获利了结或斩仓割肉，又比前一个交易日下滑84点，收盘于1162点。

手中仍是股票多的多头大户们，眼看自己手中的股票，越贱越卖不出去，5月7日用割肉换来的钱，努力把股价拉高，以便追涨杀跌的部分股民来接棒。

这天，沉默多日的机构空方主力，关键时刻开始动动手指头，现买现卖一小点指标股，就把大户多头收复1200点的敏感位置的计划，予以挫败。这天收盘于1199点，把拼命了一整天的多头主力，折腾得筋疲力尽。

5月9日上海东亚运动会的开幕式，举办得十分成功。

5月10日周一开盘，多头企图乘此东风，把股市迅速拉高出货，然而股市瞬间拉高后，大家都想"东风吹，战鼓擂，卖高位，谁骗谁？"

抛盘倾巢而出，接盘不够大，股价开平摸高后下泄。多头曾在1150点苦苦支撑，弄出一个矫揉造作的平台，再弄出一个不成气候的小反弹。

凶悍、泼辣的机构空方主力，在多头心跳最乱的时刻，再次动动小手指头吃点吐点，坚决打压，对支撑位，毫不留情地予以捅破。这天收盘在1128点。

上海的一些送配股方案，相继出笼。表面上看看，并不难看，仔细拿计算器算算，也没啥好兴奋的。好方案的好刺激，早已消化在方案公布之前了。公布之日，或者成了出货的良辰，或者成了出不了货的蒙难日。

大飞乐的股民，现在是飞不起来，也乐不起来。17.48元关进棚子的大飞乐，送配方案公布后让它出棚的第一个交易日：1993年5月10日，一天之内暴跌17%，以14.45元收盘。

不论送配方案是啥药方，前些日子恶炒者炒它没商量时，也已经把整个股市炒成麻疯病态。

如果您不是医生，在它病愈前，只好躲开它。

也是一种乐观

童牧野语录：

我所讲的乐观，是比较客观的乐观，不是那种只听笑声而无视眼泪的乐观，不是那种接受晴天而拒绝暴雨的乐观。在我的乐观怀抱中，连熊妹都是通情达理的。

无论唱多、唱空、唱滑，无论做多、做空、做滑，我对中国股市，永远乐观。不仅仅是谨慎的乐观，而是格外的乐观。特把心中之乐，亮出如下：

乐观之一：新股发行价，将更趋合理。

我估计到了1994年，新股发行的溢价，也就比每股净资产值稍高一点。也会有一些新设立的公司，即使按面值发行股票，也未被足额认购（只好由承销商余额包销）。

届时流通市场的两手股，魅力更大。

原始股很多，老百姓袋袋里钞票有限，于是有幸挑挑拣拣。啥人比我更乐观？

关照侬，新股折价发行是法律不许可的。新股最便宜也就是面值发行了。上市以后低于发行价流通是可能的，如电真空B股5月7日的收盘价36美分，就是去年发行价70美分（按拆细讲）的一半多一点点。

乐观之二：流通股的市场价，将更趋理智。

既有价位很高的好股票，大家抢着要；也有每股5元、6元的低价位股票，在一段时间里被人冷落。

股民各买所爱。1994年之前，两手股5元、6元也买得着，也太乐观了吧？

看好了，届时会有很多人比我更乐观。记得去年买进一种跌破发行溢价的新上市股票，5元（按拆细讲）买进，旁边的人都劝我：等等吧，说不定4元多也吃得着。

闲话讲转来：6元吃进，被做空大军打压到3元，损失50%，叮能个叮能？

不晓得的事情，我老老实实讲：不晓得。

乐观之三：不要担心炒手不炒，证券商就没生意。

去年（1992年）空头市场，越是托盘，生意越清淡，干脆放伊到河底再捞起来，本来空空两岸，立刻人山人海，生意又是墨墨黑。

阿拉大上海的股票玩家，今年就要学农民伯伯的样，耕作讲究季节，农闲农忙，合理安排。

乐观之四：中国股票统一大市场的组建，已在朝野关注之中。

就像香港的三家证券交易所，早已成功地合并成一家香港联合证券交易所。有朝一日，上海证券交易所和深圳证券交易所，成功地联网成为中国联合证券交易所。

现在上海证券交易所和深圳证券交易所，分别成为中国联合证券交易所的东方交易大厅和南方交易大厅，这个理想，必能实现。

往这个方向迈出的第一步，将是上证指数同深证指数加权计算后，公布中国股价综合指数。沪人购深股，与深人购沪股，都将比现在更方便。中国股民将在全国股市一盘棋的更大战场，运筹帷幄。

当然，我所讲的乐观，是比较客观的乐观，不是那种只听笑声而无视眼泪的乐观，不是那种接受晴天而拒绝暴雨的乐观。在我的乐观怀抱中，连熊妹都是通情达理的。

多空善意的交流

童牧野语录：

　　股民居然给我"空军司令"的美衔，使我受宠若惊，谦虚道："哪里呀！轰炸机部队情报处新闻科的小科员啦！"

　　从1993年2月下旬开始，不论沪股是跌是涨，我在各地的报刊高唱沪股之空。特别是沪股900多点强劲反弹后，我仍然立场坚定地续唱沪股之空。并且言行一致地把上海新老股票统统派作炸弹的用场。

　　大出风头，股民居然给我"空军司令"的美衔，使我受宠若惊，谦虚道："哪里呀！轰炸机部队情报处新闻科的小科员啦！"

　　与此同时，不论深股是跌是涨，我憨厚地做一个挥拳跳脚的深股多头。主要是旁观者清。

　　当深股那市盈率20的好股票在20元左右还告软，沪股那些市盈率逾百的差得多的股票，有什么资格在80元挺得住？沪股面临深股和北京STAQ系统这一南一北两个低市盈率股票市场的挑战。

　　如果我吃进低市盈率深股也被套牢，相当于被剃去光头，光头还会当年就重新长出头发来。

　　沪股套住，却有断手断脚之险。沪股多头主力的几大支队，领教过好几种沪股的炒作胜败后，宣称："童牧野不是我们的敌人，而是善意的朋友。"

　　彼此也作了许多认真的交流和切磋。

举个最简单的近例：1993年5月7日上证指数1199点，一个多头支队的队长，吃进电真空几十万股，说要把它从9.68元炒到15元。他的算法是：指数1536点时它是22元，现在1199点该在17元（1199除以1536，乘以22元）。

我不忍心看他进入这种误区，说：它22元的时候，谣言广泛传它"十送一配十九且国家股不配"，自从事实上"十送一配七"除权之后，现在它9.68元，是股民正视现实后对它的重新定位。

它若回到15元，意味着指数升到1857点（15元除以9.68元，乘以1199点），或者指数1300点时，该股比指数领先几步，多向上冲锋出500多点？

汗如泪下的沪股多头，以侥幸的心理，盼望东亚运动会的东风，会把沪股重新吹风筝似的吹上去。

1993年5月9日东亚会的开幕式，确实十分完美。从我家阳台，可远眺它的焰火。

但5月10日沪股暴跌一百多点，印证了我给沪股的顺口溜："东风吹，战鼓擂，卖高位，谁骗谁？"

那天目睹沪股之惨，我也给深股几句顺口溜："南风刮，笑哈哈，低价炸，给我啦！"

为有牺牲多壮志

童牧野语录:

　　Staq市场和Net市场，随着人气的日益散淡，股价从每股几元跌至几角，从几角跌至几分，最终整个市场关闭，终止买卖。很多参与者，一把辛酸泪。好在我受财神保佑，坚决不在那种人气凋零的市场开户。不贪那种股价上的表面便宜。没受其害。

　　上海股价要困守高位，面临来自南方和北方的双重威胁。

　　以1993年5月14日收盘价来看，深圳股市的宝安股票的1993年市盈率20倍，北京STAQ系统的大自然股票的市盈率24倍，上海股市各种股票的平均市盈率，则比一南一北的那两个股市的市盈率，成倍地高出。上海目前股价已经太多地预。支消化了未来的油水。

　　投资股票是投资未来。上海股价今后几年的油水，被超一流水平的狂炒行家，在短短几个月里榨取。在全部资金炒不动中国全部股票的情况下，对沪股已畏高而退的机构投资者，先集中资金打歼灭战，炒熟了Staq系统和Net系统。

　　S和N系统都是法人投资者，其投资经办人都是智者，没有傻瓜，不能搏傻，只能适度而行。

　　从S和N系统获利了结的资金，下一站的投资方向，可以是这些系统陆续上市的法人新股，也可以是市盈率同样较低的深圳股票。等炸下去吃进的深圳股票的价格上来后，深股市盈率，介于沪股市盈率与S和N系统市盈率之间时，达到新的平衡。

在新的平衡达到之前，深圳股市，北京S和N系统，多多少少会从上海股市，继续源源抽去资金之血。上个月，上海日成交金额20亿元时，深圳日成交金额才1亿多元，相差10多倍。

近日两地股市的日成交金额平起平坐，都在4亿元左右。

被沪股套牢的上海许多个人大户英雄，敌不过机构，也玩不过散户。他们事先没想到机构溜去玩S系统、N系统，也没想到散户已很聪明。

个人大户拉高，散户不跟，于是每次拉高都进一步给自己套上高价筹码。

有的大户已经为此损失数十万元，数百万元。

他们骑虎难下地自诩护盘，在绝望而转空之前，仍会十分壮烈地继续做多。5月14日下午拉高个别指标股，用以阻止指数的下沉速度。

5月17日开盘后沪股指数从1167点，多杀多，7分钟内就坠落到1100点，又被个人大户为主的护盘者，以"拆东补西，给今日除权股，立刻造出填权行情"的策略，拼足力气艰苦地撑抬到1140点收盘。

令暂不忍心打压的沪空机构，哀之敬之。

沪空兼深多又兼SN的机构投资者，出于全国股市一盘棋的战略考虑，也不希望沪股下沉太快（以免兔死狐悲，败坏其他几个股市的情绪），必要时一方面收集炸弹筹码，一方面也算是顺便向上拉了沪多一把。

在沪空暂时不屑于捞筹码炸盘的情况下，沪股出现间歇性地多杀多，下沉和上涨，交替进行，可谓沪股发作的羊角疯。

该密切关注S和N系统的涨落以及深圳股市的沉浮，因为它们的血管，同沪股的血管是相通的。

童牧野2010年1月31日补记：

事实证明：股市开不下去，参与者越来越少之后，是可以关门大吉的。北京的两个法人股市场：Staq市场和Net市场，就走了这样的不归路。

Staq市场和Net市场，随着人气的日益散淡，股价从每股几元跌至几角，从几角跌至几分，最终整个市场关闭，终止买卖。很多参与者，一把辛酸泪。

好在我受财神保佑，坚决不在那种人气凋零的市场开户。不贪那种股价上的表面便宜。没受其害。

尊重"异己"的思路

📖童牧野语录：

　　空仓无筹而看空喊空者，也许不该忽视多头的观点。满仓缺币而瞧多唱多者，也许不该忽视空头的意见。既不当死空也不做死多的随机应变者，当然更得熟悉多、空、滑这三家的思维。

　　1993年5月24日沪股又是一天之内就暴跌一百多点，我立即查阅这天之前的笔记：

　　1．Z的算法

　　我的朋友Z兄，站在多头的立场，对沪股算道：从393点升到808点，回档到625点，跌幅是涨幅的50%左右。

　　从393点升到1536点，再回档到925点，跌幅是涨幅的50%左右。

　　今年（1993年）4月至5月，从925点升到1372点，回档到1128点，跌幅又是涨幅的50%左右。

　　他据此在5月22日之前说道：估计1128点已是这次下跌的底部（5月24日天桥等股的上市，触发商业股板块的下沉，整个大市受之拖累，暴跌到1026点收盘）。

　　2．W的算法

　　我的朋友W兄，站在空头的立场，对沪股算道：从多头市场鸣锣的100点升到峰位1420点，再转到去年挺恐怖的空头市场，跌到谷位393点，跌幅是涨幅的77%。

若从393点涨到1536点后，进入的又是被称为大调整期的空头市场，如果跌幅也是涨幅的77%，则这一轮空头市场最终的谷位在数月后是多少点呢？

届时还得注意那个指数的上海A股的平均市盈率，是否仍比深股的高，仍比S和N系统法人股的高？

空头之所以反对盲目冲高，也是为了避免盲目冲高的后遗症：乐极生悲之后，横爬竖爬"完啦？没完？"地下沉。

3.H的算法

我的朋友H兄，站在滑头的立场，对沪股算到：从393点升到808点，回档到625点，跌幅是涨幅的44%（那一轮多头市场的开幕式）。从625点升到1536点，回档到925点，跌幅是涨幅的67%（那一轮多头市场的闭幕式）。

认为：跌幅是涨幅的百分之多少，是个随当时市场具体条件的变化而变化的变数。从925点升到1372点，回跌到1128点，跌幅是涨幅的54%，股谚云：说跌到多少跌够了，说涨到多少涨够了，常常分别映照出套牢者和踏空者人性的弱点。

4.我的拙见

我本人拙见：上述三位兄长的简洁算法和朴素观点，都很有意思。前两种的算法，是否多多少少带有一丝主观上的意愿倾向呢？后一种的观点，是否算是尊重事物的客观变化？

不管怎么说，多头和空头，他们不同的心理活动，有时的确会反映在各自的投资行为上。于是，空仓无筹而看空喊空者，也许不该忽视多头的观点。满仓缺币而瞧多唱多者，也许不该忽视空头的意见。既不当死空也不做死多的随机应变者，当然更得熟悉多、空、滑这三家的思维。

认真的投资者，除了适当留意这类许多人都在搞的简朴心算，当然还得重视其他真正重要的技术指标以及或明或暗的市场迹象。

沪空静观多杀多

📖 **童牧野语录：**

让他们自造各种底部幻觉而自我迷惑，等他们认识到非割肉不可时，已经是下了好几个台阶以后啦。

1993年5月24日两个北京股票天桥、天龙在沪的上市，使这天的沪股暴跌又创新纪录：一天暴跌117点，从1143点跌到1026点收盘。

紧接着25日997点收盘，26日995点收盘，27日963点收盘，连连下沉。

在这场暴跌中，我们这些手中无筹码的沪空，没有对它作任何砸盘动作。纯粹是上海滩超国际水平的狂炒家们，见实在没人追高接盘，终于多杀多，夺路奔命。

北京的一些天桥、天龙原始股持有者（后者的个人持股20万股以上的股东，有6位之多），当然希望这些去年（1992年）12月分别以1元5角和2元的发行价到手的股票，半年不到就能在上海获10倍以上的盈利。

有人贪心不足，甚至动起了在这两个北京商业股上市前，先拉高上海的商业股，以便水涨船高，大家都乘高出货。

可是，5月19日、20日拉高上海商业股，21日造市者因满仓而资金不足，股价冲高实在乏力，又有散户乘高出货积极，股价内虚毕露。

炒手说：你们不配合我们炒东亚运动会的题材，多么痛心！现在别再放过炒北京新股的良好机遇啦！

专家则说：天桥上市前让老股东大分家产，把股票穷送穷配，掺水稀释到每股税后利才6分钱，不如上海的垃圾股。中国商业股的形象，简直是被它毁了！

天桥从开盘28元5角，下沉到27日的17元4角收盘，实在是自作自受。

上海那些个人狂炒大户联手，4月从900多点狂炒到1300多点，把股市彻底炒坏（我没料到他们会炒得上，他们也没料到上去后下来更惨）。

上海狂炒者在1300点以上满仓套牢，当时他们舍不得割肉跑，所以股市还能在1100点上面横盘。

为股市安全而站空方的神秘力量，为了股市幽默，居然做到了尽可能不让狂炒者（个人大户）割肉，让他们自造各种底部幻觉而自我迷惑，等他们认识到非割肉不可时，已经是下了好几个台阶以后啦。

上海炒手中的不少人，从900多点炒到1300多点的超额利润，这次在1300多点跌到900多点的过程中，已全部揩光不算，还亏到了肉里。

因为他们拉高吃到各天的最高价，逃命时逃的往往是逃命日的最低价。

当然，狂炒者仍会集资再炒自救，但有可能越挣扎越悲惨。

当中会有起伏，这短线机会，不怕亏的老手，爱跑者仍会天天练跑。

一些股市老手开始担忧：今年（1993年）的熊市，将比去年（1992年）的厉害得多？

只不过现在绝大多数人还没有意识到真正的危险在中期报表公布之后。

今明两年（1993至1994年），有的是投资机会，届时股票太多，就怕钱太少。

深圳许多股票的内质比上海绩优商业股好一倍以上，价位却在后者一半以下。

目前深股不涨反跌，意味着全国股票太多而资金不够的严峻局面，揭开了面纱。

为了家乡父老的投资安全

📖 **童牧野语录：**

由于我是上海股市评论家中第一个提出"政治经济良好背景下也会出现熊市甚至股灾"，并且在1993年3月份就发表《沪股已滑入熊市》，第一个指出2月19日市百一店上市首日也是1993年沪股熊市的首日，贬我者视我为凶神恶煞，褒我者视我为预警天使。

1993年5月3日浙江《证券信息报》发表的拙作《恶炒恐有恶果》，提醒读者"指数又该高台跳水表演了？"

第二天（5月4日）上证指数暴跌111点，从1352点跌到1241点。

读者在5月3日可以有整整一天的从容撤退的机会。

该报5月17日发表的拙作《股市也有无期徒刑》，婉转地讨论了及时割肉的问题。

这张提前一天出版的报纸16日就传到了上海，引起上海套牢大户的愤怒。

有人在22日出版的沪刊撰文要和我打擂台：谁能帮他在1143点（5月21日收盘指数）左右把股票割肉，又能帮他在1000点以下把同样股数的同样股票买回，多出来的钱在百万之上，全归帮割者。

这位大户话音刚落，5月24日周一，沪股暴跌117点，1026点收盘，此后连续三天继续下沉，27日963点收盘。

此前能在1100点以上割肉，简直是一种福气。

由于我是上海股市评论家中第一个提出"政治经济良好背景下也会出现熊市甚至股灾",并且在1993年3月份就发表《沪股已滑入熊市》,第一个指出2月19日市百一店上市首日也是1993年沪股熊市的首日,贬我者视我为凶神恶煞,褒我者视我为预警天使。

而我个人认为:我只是洞察大势而敢言的凡人。

大势的走向,是任何个人的力量所难以强扭改变的。

我们只能顺势避险,或者顺势获利。

当然我是中国股市的超越地域的乐观派,我对沪股市盈率必将合理回归到同深股的市盈率接轨,表示十分的乐观。

当然其间会有许许多多的穷折腾。

我以鲁迅为我的道德楷模。目前我给多家报刊写各种系列的随笔杂文,如《股市笑谈》系列,《上海股市散记》系列,《股海笑念道德经》系列,以及童牧野专栏等等。

我现在给我发表在本报的特约文章,也起一个系列的名称,就称为《股海游子家书》系列吧。

今天(1993年5月29日)的我,既不是沪股的多头,也不是沪股的空头。我只是上海股市的冷静旁观者。目前我更关心深圳股市,且听下回分解。

天灾人祸

童牧野语录：

　　有人拼命把上海的商业股拉高，以便同一板块的那俩北京商业
股，上市卖个好价钱。沪多也配合做多。无奈上海散户不易上当，
你拉高，他出货。

　　沪多在1100点护盘了整整两周，并且在1993年5月22日高唱
1100点是底部之后，5月24日周一，沪股暴跌117点，从1143点摔
到1026点收盘，此后三天继续下沉，27日以963点收盘，28日技术
性反弹到972点收盘。

　　沪多悲痛之刻，我等沪空，也很为沪多打抱不平。

　　沪多怪"天"跟他们作对。北京的两个商业股天桥、天龙，5
月24日在沪上市。

　　此前19日、20日，有人拼命把上海的商业股拉高，以便同一
板块的那俩北京商业股，上市卖个好价钱。沪多也配合做多。无奈
上海散户不易上当，你拉高，他出货。

　　21日满仓者终于没钱再拉高，股价自然不上就软。

　　有人说，21日开盘20元高吃申能百股，使指数跳空而上，又
18元低抛申能百股，使指数跳空而下，以2千元倒差价的便宜炸
弹，诱发出沪股的恐慌抛盘。

　　简直是沪空的卑劣手段？

　　但也有另一种说法，开盘高吃申能百股者，乃是沪多造市者

中害群之老牛，想制造出"今承昨日涨势而跳涨"的假象，诱股民追高。

民智不追。恼羞成怒者多转空，死多变空，比原始空头那是厉害许多。

沪人阅读北京两股的上市报告书，读出了满腔怒火。沪人说：那天桥，好端端的商业股，怕油水流给了新股民？就在上市前半年，送配股穷送廉配，把股票掺水稀释到每股税后利只有6分钱。

分家产分得太凶狠，连前三年的利润也不敢亮相。

那天龙，那些身份不详的人物，个人买原始股20万股以上者，6人之多，他们每人花40万元买入，上市各值400万元，不到半年赚10倍。

你这原始股也不搞啥认购表抽签，什么渠道发行的？

上海人以不当冲头闻名中华，北京股以"天"相盖，大灭上海股民的接盘热情。

这以前，沪多明白：本地沪空者，只反恶炒，不搞炸盘。

甚至笑道：你们沪空没有筹码，拿啥做空？

5月24日这天，北京原始股抛盘，也非火箭炮，也就老式土枪，打得沪多自相践踏，1100点一破，多杀多，惨不忍睹。

由于4月900多点个人大户联手做出强劲反弹，让机构踏空，机构存心折腾这帮目无尊长的大户，机构追打一批筹码，在1370点左右悄然压出做空，又配合护盘，让个人大户误以为1300点、1200点、1100点，都是底部、底部、底部。

等到个人大户明白过来该割肉，早已回900多点原地哆嗦了，把狂炒者的超额利润全部揩光还不够，能在抄底价原价卖出就算幸福。

上海狐狸，眯眼瞧深圳大白兔

📖**童牧野语录：**

喋喋不休市盈率的童牧野，是个早年尚未开窍的童牧野。每股税后利，是个每年阴阳起伏不定的变数。今年好看，也许明年烂光。今年奇丑，也许明年整容。

深圳的万科A股，1993年6月18元时，市盈率不足26倍，推算出它的每股税后利6角9分。

万科B股在今年4月以溢价人民币11元（当时对应港币10元5角3分）对境外投资者敞开发行（市盈率16倍），认购率不足60%，承销机构包销了余额，号称足额售完。

5月28日万科B股上市首日，股价就跌破发行价，且跌幅10%，以1美元23美分收盘，几天后的6月4日，下沉到96美分收盘（市盈率12倍）。

6月4日深圳宝安股票收盘17元7角5分（市盈率17倍），宝安是今年（1993年）计划每股税后利1元多的股票。上海又有哪几家股票的计划每股税后利能达到1元以上？

深圳股票的市盈率12倍及17倍的出现（与国际股市的市盈率接轨了），在几个月前还是令人难以置信的。当时人们较普遍地认为深圳股市的A股市盈率最起码该在40倍以上。

上海有的股票每股税后利2角，几次暴跌后股价还在20元以上者，市盈率乃是100倍。

当浙江亲友买进沪股后，写信问我：什么沪股在什么价位买进，可以长期投资？

我的回答是：我不敢说，怕吓死你。

上海股民现在听到对沪股长期投资四个字，胆子小的心惊肉跳；胆子大的歪嘴怪笑。

当然沪股有它疯狂的投机价值，如妖似魔，让人乐的乐死，痛的痛死。

6月3日拉高后急泄，当天落差高达2百多点。

有心脏病的那天看沪股行情，比看病牛拉出来杀头还紧张。

6月6日《上海证券报》的股票行情表上，所有沪股的市盈率这栏全都用虚线空着！

6月6日《解放日报》的沪股行情表，也是市盈率这栏全空着。

我们股民，胸怀全国股市，横向比较。不能眼不见为净。

至于沪股、深股的市盈率，彼此落差这么大，是什么复杂因素造成的？这些因素近期会不会发生变化？

童牧野2010年1月31日补记：

喋喋不休市盈率的童牧野，是个早年尚未开窍的童牧野。每股税后利，是个每年阴阳起伏不定的变数。今年好看，也许明年烂光。今年奇丑，也许明年整容。

拿市盈率去研判股票，或完全忽视市盈率，都是不可取的两个极端。不妨眼角余光瞟它，却懒得说它。

背靠墙角饱受冷拳

📖 **童牧野语录：**

　　倒霉透顶的好股，已经挨打被逼至墙角，再打它下去，不是打死，就是打得它发疯似的翻转。

　　深圳股市数月来的低迷，原因是多方面的。

　　深股的流通性远不如沪股。沪股可以当天买进当天卖出。深股不能。[①]

　　上海的股票，在上海买进，可以跑到杭州卖出。深股则不能。

　　抑制了深股的投机性，也就减弱了深股对短线炒手的吸引力。

　　这个问题正引起深圳方面的注意。

　　全国各地证券商进军上海，上海为他们敞开方便之门，房、水、电、通讯，提供一条龙的优先优质服务。

　　深圳则由于电话局与许多证券商之间的有关电话股票委托费的利润抽成问题，闹得沸沸扬扬，1993年6月北京《金融时报》、深圳《股市动态分析》杂志以及香港报纸等等连续追踪报道，称电话参股伤透了一些证券商的心。

　　报载邮电部已重视并责令处理。在这个问题圆满解决之前，全国许多地方的证券商，视进军深圳有绊脚石。这样也就不利于全国股民资金流向深圳。

注释

　　① 当时沪股是T+0交易。当天买进的股票，当天就可卖出。

不能流向深圳，也就较多地流向了上海。

这个问题已关系到整个深圳股市的凶吉气氛。

几个股市的难以避免的恶性竞争，如北京S和N系统加速扩大盘子，也使深圳股市资金更缺。

深圳股市的坏消息，比上海股市更丰富。深股也就比沪股更超卖，更低迷。

市盈率已经同国际股市接轨的深股，若再跌，也就是A股向下同B股接轨，同时也是二级市场的市盈率同一级市场发行价市盈率的接轨。

换句话说，深股作为倒霉透顶的好股，已经挨打被逼至墙角，再打它下去，不是打死，就是打得它发疯似的翻转。

但由于今年（1993年）全国资金面的紧张，即使很看好深股的后劲，也要保持足够的冷静。

有关部门为了奉命赶在1993年7月15日之前"必须完成"300亿元国库券发行的艰难任务（1993年6月15日报载全国现只完成80亿元），会坐视深沪两地股市跟国库券抢资金吗？

上海股民虽然可以通过少数几家证券网点买卖深股，但最近有个引人注目的情况是：上海电视、广播，常常"忘"播深股行情。

上海已经隐隐约约感到深股飙升之日（如果有的话），将是沪股资金更加紧缺之时。

《我把股市当战场》1994年早期版的后记

📖 童牧野语录：

如果不是鲁迅对我的影响，我会同股市中的歪风邪气同流合污，而不是用文章为全体投资者力争公正、公平、公开。

鲁迅的坟墓，坐落在上海市虹口区鲁迅公园里，离我家只有10分钟的车程。我百忙之中，抽时间去瞻仰过几次。

鲁迅1936年逝世的时候，我不知道我是什么角色？那时，尽管我还不曾成为人形，但也许我是1936年他的追悼会上空一朵肃穆的乌云。

他的著作包含着他的强烈的精神信息，是不朽的。

我全面接受他的精神信息，是在我念小学的时候。少年时代的我，通读了他的全部小说、全部杂文以及能遗留传世的所有日记，信件甚至情书。

如果不是鲁迅对我的影响，我会同股市中的歪风邪气同流合污，而不是用文章为全体投资者力争公正、公平、公开。

股票热过去之后，我从这个山头翻到那个山头，用我的作品，探险蛛网密布的市场学、法学和伦理学等多个领域。

大自然的动植物，适者生存。股市也是如此。

投资获暴利而变现，就是成功的投机；投机被套牢而等待，就是无奈的投资。投资市场需要投资者与之匹配。投机市场则只让成功的投机者生存。

熊市之末，牛市之初，鼓励股民长期投资，其善，不亚于往人家口袋里猛塞钱包。

牛市之末，熊市之初，怂恿股民长期投资，其恶，不亚于落井下石并喊话劝人在井下长年修炼。

投资市场需要投资者与之匹配。

"投机"曾经是个贬义词。"文化大革命"时代，要宣布谁是坏人，必有一句"他早年投机革命"。

现在，中国人的道德观念正在跟国际接轨。将来，谁在追悼会上享受一句"他早年投机股市"，大家都感觉那是很有勇气很献身的事。

我曾经像和尚吃素不吃荤似的，崇尚投资的素净，克制投机的欲望。

后反省自己，发觉自己天生一个投机胚子，装啥稚嫩？

毛主席他老人家还在的时候，"工人阶级领导一切"的口号响彻云霄，那时我是一个修理纺织机的穿破衣服的工人（正值所谓"十六岁的花季"），也是个喝酒的少年粗人。

当科技界青黄不接，我摇身一变，成了中国科学院的文质彬彬的科研人员。

当国家提倡思想解放，我又摇身一变，成了高等院校社会科学部的神圣园丁。后来，就成了投机群体中忙碌的蜜蜂。

剧变的投机环境，造就了随机应变的一大批投机新人。在我从善如流的严肃的投机活动中，将永远为全中国的股市拼搏者，力争公正公平公开。

本书的标题《我把股市当战场》，给人比较好斗的感觉。

随着我国股市日新月异的发展，我的立场和观点，也在变化，越来越心平气和。

这是笔者的第一本以股市为题材的杂文集。从中，可以看出我国股市和股民（包括我自己在内）从不成熟到渐渐成熟的过程。愿股民读者喜欢这本书。

童牧野1995年5月16日补记：

此书出版之后，我已不忍心说"我把股市当战场"之类稚语，尊重阵亡之鬼魂，也把股市当赌场和坟场。

智者从这书，洞察股市坟场之鬼火，欲知童牧野如何告别过去、迎接未来，不妨在品味报刊发表的童牧野新酒之余，也尝尝书中的久酿陈酒。

重新开缸泼洒在此，有删节和修订。比最初的版本浓缩了许多。

反响：

《上海新书目》1993年10月19日328期6页："童牧野著《我把股市当战场》，经济类。本书是著名股市评论家童牧野的第1本股战精选实例选集，共分股战趣谈和股战研判两大部分。书中以上海和深圳股市从不成熟到成熟的过渡中牛熊几度搏杀的实例剖析为基点，从分析当前经济环境和股市现状入手，对沪深股市的潮涨潮落及股价走势、买卖技巧、风险回避、获利机会等作了深入的理性评析与科学预测。本书将对中国股市的宏观观察、股战实例的具体分析和作者本人犀利、雄辩的文风融于一体，体现了作者作为股市评论家和个人投资大户的独特风格。"

忧患意识显大家本色

童牧野语录：

　　超级大户在股市沉浮中，既给自己留了进路，也给自己留了退路。做多轻易不做满。做空一般不做绝。

　　1993年8月下旬的深圳报纸，刊登了一家深圳的投资基金的中期报告。

　　该基金每份面值1元，于今年（1993年）2月5日共发行5亿8千多万份，募得5亿8千多万元人民币。该基金7月31日净资产（7亿6千多万元）的44%（3亿3千多万元）投资于深沪两地的已上市股票，16%存款于银行，其余的投资于未上市股票、房地产以及其他项目。

　　中期报告的报喜也报忧，给我留下深刻印象，摘录如下："本期（1993年2月5日至7月31日）内市场状况不佳：深证指数，上证指数分别自2月5日的328点与1369点跌至7月31日的242点与881点，折价率分别为26%与36%，本期内大势下跌，证券二级市场投资环境不佳，令多数证券投资者饮恨蚀本。房地产市场在1993年整个上半年均显示向下调整的势态。其他方面的项目合作投资亦显出风险大，资金回报小，压力大的特点，总体市场状况不佳。"

　　由于该基金有数亿元巨款投资于深沪两地的二级市场股票，它是股市中的超级大户。它玩股的某些做法，值得上海个人大户和散户的研究。

7月31日这天，它的二级市场股票市值是其银行存款的两倍多。也就是这一天它是偏向多方的。它的这种持股持币结构，无论做多还是做空，弹药都是齐全的。

该基金7月31日自估每份净资产为1元3角2分。

这个深圳的基金，同北方的有一个基金相比，后者去年（1992年）12月15日面值发行每份1元，而7月25日发布的上市公告书自称5月31日的每份净资产1元零3分，可见，尽管都是投资基金，各自的盈利水平，差别还是很明显的。

从深圳那个基金的中期报告流露的忧患意识看，超级大户在股市沉浮中，既给自己留了进路，也给自己留了退路。做多轻易不做满。做空一般不做绝。报喜不忘报忧。抓好方向和时机。

该基金在投资不同类别股票的比例方面，我们也不妨留意之。

如果个人大户、中户和散户，在审视这类超级大户定期公布的理财报告时，每次都能静心品味其经验和教训，将有助于自己在同期获利比率上跟超级大户比试比试。

初次见面，请多搏傻？

童牧野语录：

　　有些经济学硕士也投入搏傻运动，上市当天最高价吃进，然后为后面居然没有更傻的傻瓜而遗憾万分。

　　1993年8月20日在沪上市的山东淄博基金，是上海股市中出现的第一个基金。有人故意拉高出货，把沪人套得很惨。

　　该基金去年12月15日发行价每份1元，今年上市报告书自认5月31日每份净资产仅1元零3分，属于至今看来增值率相当低的投资品种。然而8月20日上市首日以5元3角高开，当天摸高5元8角，收盘5元3角。

　　内行人都知道，那些以1元的发行价大规模吃进原始基金的大户，只要自我牺牲一些赌注，拉高它在5元位置稳住一天，此后即使慢慢沉降，不怕没人逢"低"吸纳。

　　原始大户手中大部分是1元的成本，少量是5元的成本，平均成本仍在2元以下，在5元跌到4元的过程中悄悄抛光，仍是大赚。

　　这比低开2元就抛，更赚。于是欲纵先擒。

　　8月30日收盘4元4角的该基金，已经使上海炒手屡吃屡套。他们百思不得其解：书上不是说基金的风险比债券大而比股票小吗？怎么亏起来，论幅度比股票还惨？

　　其实，以每份净资产值1元零3分去吃基金，风险程度如书所说。吃恶炒的基金，后果当然严重。

上海股评家金先生说得好："你在市场上可以买到每股11元的股票，基金管理者也以11元买入那股票进行中长期投资，那么用5元价格买1元净资产的基金的人，就好比以每股55元买那种11元的股票。这种人要么自己是傻瓜，要么是为了投机搏傻，以为后面自有更傻的会在更高位承接。"

据我所知，有些经济学硕士也投入搏傻运动，上市当天最高价吃进，然后为后面居然没有更傻的傻瓜而遗憾万分。股市已经锻造了越来越多的聪明人。

不能寄希望于谁比谁更傻，应该留意谁比谁更聪明。

顺便说一句，许多上海读者注意到：8月16日本报发表的本系列拙作《为新股发行搭脉》，幸运言中了后来8月18日至22日发行的上海认购证的中签率：千分之二。

当读者欣喜时，我也欣喜。

我写作的动机之一，也是让作者和读者共同变成聪明人。

沪人对青啤的冷淡

📖 童牧野语录：

　　青啤的净资产，是把商标等等已当做无形资产作价2亿元算进去，而其他在沪上市的许多名牌股票，尚未把自己的名牌商标这样算过，也就是说青啤比其他许多沪股，更多一些美丽的泡沫。

　　青啤的走势很特别。1993年9月2日和3日，所有其他71种A股的电脑随机指标都先后发出了短线买进信号，唯独青啤的随机指标仍显示空方潜能未释放。

　　到了9月6日，在绝大多数上海A股的随机指标发出了短线追买获利信号时，青啤仍是观望信号。

　　9月6日这天，上证指数947点收盘，比前一天922点升3％，青啤维持前一天的收盘价13元08分，上午还曾瞬间探底12元6角7分，跌破原始股平均成本12元7角7分。

　　到了9月7日，青啤的多方堤坝终于决口，收盘12元6角，破了原始股民的平均成本价。

　　上海炒手之所以冷落青啤，是因为吃它呛过两次。

　　第一次：部分职业炒手长途奔波青岛买认购证，加上旅费住宿费等，其购股成本高于平均成本。

　　第二次：青啤上市时，从青岛传来的炒手口号是要用大资金把青啤炒到某高度，于是高开15元也有上海人吃，可是一吃就套。

　　于是上海炒手发现该股没法抬举，转而冷落它。

这种冷落不仅体现在资金投向上避开它，而且舆论上有所流露。

如上海股评家董先生和桑先生在股评中称哈医是青啤的醒酒药。

换句话说，哈药的个人股盘子同青啤的盘子差不多，都是1亿股左右的大盘。但哈药的1993年每股计划税后利是青啤的两倍。

所以当哈药价位在青啤之下时（9月7日哈药11元8角6分收盘），青啤只好温吞水原位浮动，甚至回头下沉。

沪人一旦把青啤排除出炒作范围，对它的非议也就层出不穷，主要是在以下两方面对它发难。

其一：H股和A股的发行仅隔一个月，后者就比前者在发行价上贵了一倍（如果算平均成本价，那就是贵了三倍），称之为媚外欺内的股票。

其二：青啤的净资产，是把商标等等已当做无形资产作价2亿元算进去，而其他在沪上市的许多名牌股票，尚未把自己的名牌商标这样算过，也就是说青啤比其他许多沪股，更多一些美丽的泡沫。

当然，沪人也不愿意看到青啤跌价，对于青岛人炒作青啤，也持同情和声援的态度。

青啤能立在高价位并且稳住，有利于其他沪股的攀比升高。所以沪人对青啤无意打压。

也有少数沪人大吃青啤原始股，没抛，上市首日继续高吃青啤流通股为自己抬轿，前前后后都套牢之后，每天大饮青啤的罐装酒浇愁。戏称让公司多盈利，将来税后利高些好看些，争取股票解套甚至获利。

满天星星亮晶晶

童牧野语录:

> 股市, 并非厚待那些最辛苦的人。何况, 后来这些数据都是自动流进电脑, 无须自己手工折腾。后来找到更轻松的赚法时, 倍感: 赚者不太累, 累者不太赚。

我如果发现: 我今年的观点, 与自己去年或前年的观点, 发生打架, 那么我有所偏向地站在今我一边, 温和地反对故我。人, 就是这样进步的。

有许多人在走我们过去走过的弯路: 为了节省时间, 只注意极少数几个每股计划税后利较高的贵族股。

把其他股票, 排除出注意范围。相当于种族歧视者, 把股票分成白色种族和有色种族, 并对后者予以歧视。然而, 众所周知, 世界级的短跑名将, 偏偏都是有色种族的优秀儿女。

我国股市的特色, 彻底改变了我过去的歧见。

今年 (1993年) 上半年的弱市中, 有短暂而强劲的非凡表现, 有时恰恰是每股税后利方面貌不惊人的股票。

浙江的凤凰送配多得让人不敢相信。

福建的福联, 被福建人一天内炒得翻一番, 然后再慢慢回到原地踏步。

这些在每股税后利方面灰溜溜的股票, 却以它惊人一跳的腾空落地的优美动作, 让先做多又做空的人, 做多如意, 做空又如意。

上半年金桥在弱市中从10元上涨到30多元的歇斯底里表现，赢得了我对职业炒手及其投机战略的立正敬礼。

从此，在注重内质之外，也注重题材，更注重走势。

不仅是注重上证指数的走势，更注重所有A股的走势。

于是注意到上海所有的A股都各有性格。

要特别注意，它们中有的会在某几天突然异军突起。

如果人们回过头去总结那些潇洒疯过一回的股票在疯劲发作前各技术指标有啥苗头。苗头是大大有哇。那么以后别的股票，走势上出现类似苗头时，就该密切关注这开始有苗头的候选疯子股。

疯子发疯前，表面上平平常常，技术指标却已经蠢蠢欲动。

职业炒手炒股炒得好的，绝对不是瞎炒。

于是我变成了百多种深沪A股的奴仆。每天帮它们洗脚。所谓洗脚，就是每天把百多种深沪A股的开盘价、收盘价、最高价、最低价、成交量都敲进电脑，再逐个察看它们的阴阳线，各条平移线，随机指标，乖离率……①

这个劳动，每天需要十个手指蜘蛛般麻利地在电脑键盘上击打几千下甚至上万下。

我当工人时拿铁扳子的粗手，终于变得灵巧。手的灵巧，也使大脑更活络。

如果将来深沪A股越来越多，多如满天星星亮晶晶，我的劳动强度，也就越来越大。

注释

①这种辛苦做法，不久就觉得很不值。股市，并非厚待那些最辛苦的人。何况，后来这些数据都是自动流进电脑，无须自己手工折腾。后来找到更轻松的赚法时，倍感：赚者不太累，累者不太赚。

三栖人抬头北望

童牧野语录：

　　哪个股市的投资者水平越参差不齐，搏傻对象越多，投机性越强，它对大户包括法人大户的吸引力也就越强。

　　上海证券交易所允许全国企事业法人单位（法律限制者除外）开立上海上市A股的股票买卖账户，是一件对沪、深、京三个股票市场影响深远的事。

　　深股从194点飙升之前的暴跌过程中，有一些深圳法人机构和许多深圳个人投资者，在深圳抽资投向北京的法人股市场，给当时的深圳股市雪上加霜。

　　连北京法人股市场的官员也承认深沪等地的一些个人资金假冒法人资金进入法人股市场并强调这是不合法的。

　　笔者在高校执教法律多年，在此提醒个人投资者，一旦发生个人与证券商之间的有关法人股交易的纠纷，个人将处于不能理直气壮的窘态。

　　资金滞留北京法人股市场的深圳个人投资者，饱尝了错过深股飙升行情机遇和法人股市场很难搏傻的双重痛苦。

　　北京法人股市场的法人投资者比较谨慎，削尖脑袋混入法人股市场的个人投资者也是门槛很精的人，大家都机关算尽，大家都不是傻瓜，行情相对比较冷静（民间俗称B股化）。

　　特别提请大家注意：哪个股市的投资者水平越参差不齐，搏傻对象越多投机性越强，它对大户包括法人大户吸引力也就越强。

尽管有意投资股市的法人单位，其资金可能已经进入上述三个股市中北京的那一个，现在它面临重新考虑资金的投向问题，是更有生气的A股呢，还是缺少广大群众跟风基础的F股（深人俗称北京法人股为F股）？

而在一些法人单位掉转枪口前，闻风而动的冒充法人资金的个人资金，也可能会做出避险的动作。

于是，深圳的三栖投资者（投资深、沪、京），可能会收拢资金的拳头，集中于最有戏的方向。

最近，许多沪股的5天、10天、20天平移线的交叉状况，在时间上领先于许多深股的同类交叉。

而深股194点飙升时，是深股的这类交叉领先于沪股。深股和沪股都有投资者队伍的不断壮大，承接着新股的不断上市。

北京法人股市场却因为投资者队伍在壮大上有点困难，为了避免在价软时股票进一步供过于求，被套的法人投资者不得不要求：暂时中断大规模哇哇叫着要上市之新法人股的上市。

这是一种尴尬。我作为民间评论者，对首都变相地冒出两个不是交易所的交易网络，一直以同情的态度，密切关注之。

心明眼亮的深圳人，手里捏着2亿股上海给予的上海石化原始股（比上海今年第一批摇号新股的总量还多），抬头北望，深沪两地A股，亲不亲？一家人。

童牧野2010年1月31日补记：

此文发表后，北京法人股市场的个别管理者，相当恼羞成怒。但他们的气数到了，也别无他法。

股市资金，偏爱流向股盲、股痴更多的地方，好赚他们的钱。

当资金从北京法人股市场逐渐流出流尽，流向沪深股市，北京法人股市场就再也支撑不下去，后来号称关门内部休整几周，就再也没有重新开门交易了。

壮年时期的 元帅篇

祥和气氛下的北巡讲话

◀📖童牧野语录：

　　我从1997年6月起，提倡现金为王、股票为仆。优先考虑避险，其次考虑赚钱。实行三生主义，即救生、接生、放生。股市一跌再跌，跌得再跌一点点，社会就不安定了，政府和机构就比股民还紧张时，我们出来救生、买股票。而当市场好了伤疤忘了疼，利好频传，一片祥和气氛，大家纷纷看好时，这时不抛，更待何时？坚决放生、卖股票。空仓时，或者持币休息，或者申购新股，号称接生。

1.北巡讲话

　　受西北证券公司、莱钢股份有限公司等主办单位的邀请和款待，身为自由民的我，和一些券商、基金、资产管理机构、证券咨询机构的负责人们，于2002年3月16日上午飞北京。下午在凯迪克大酒店参加"2002年中国证券市场发展趋势高级研讨会"并发言。

　　许多传媒报道了这个研讨会及各位的发言要点。我的发言，整理如下。

　　我曾预言2001年的中国股市是人字走势，上半年是撇，下半年是捺。应验了。那么2002年呢？我预感2002年的走势跟2001年的，会是局部对称、局部反对称。

　　所谓局部对称，春季都比较祥和，有着方方面面的呵护，但我们要小心，2002年春季的高点，会不会就是全年的高点？2001年和2002年，秋季都比较紧张，都怕秋后算账。

所谓局部反对称，2001年6月最高，而2001年的年底，委托理财因爆仓而延期半年斩仓，大多延期到2002年6月前后，以为次年6月还会重铸辉煌，所以要小心，偏偏在2002年6月前后出现低点。估计那时还会出现延期数月斩仓的举动，但不敢延至资金相对紧张的年底，而延至10月前后的可能偏大。所以，还得小心10月前后出现又一个低点。这些低点会低到什么程度？会不会跌破1339点？让我们拭目以待。

我从1997年6月起，提倡现金为王、股票为仆。优先考虑避险，其次考虑赚钱。实行三生主义，即救生、接生、放生。股市一跌再跌，跌得再跌一点点，社会就不安定了，政府和机构就比股民还紧张时，我们出来救生、买股票。而当市场好了伤疤忘了疼，利好频传，一片祥和气氛，大家纷纷看好时，这时不抛，更待何时？坚决放生、卖股票。空仓时，或者持币休息，或者申购新股，号称接生。

我对2002年至2009年的中国股市，长线看好，我的所谓长线看好，指的是站在买方立场上，发现卖方越来越有求于买方，越是价廉物美的新股，越在后面。总有一天，不仅基金市价是每股净资产的八折很普遍，而且股票市价是每股净资产的七折也会很普遍。股价向净资产靠拢并跌破的趋势，是未来全球股市的大趋势。其内因是：富豪越是有钱越不屑于买股票，穷人越是想买股票却又偏偏没钱买股票。

国有股减持对市场影响深远，无论高价减持还是低价减持，都很尴尬。高价减持导致整个市场的失血严重，低价减持也拖累大盘，因为高价股会向低价股看齐。但某些减持方案，会让基金逮住从中发财的机会。所以基金板块值得关注。基金有申购新股的特权优势，有官方扶持的信息不对称优势。

2002年一般公众在新股申购方面，利润将会比较薄。各路机构在二级市场的做庄，也会很麻烦。因为股民越来越聪明了，要把各种危机转嫁给股民，越来越不容易了。

我对未来（2002至2009年中的某一年）的中国股市的泡沫特级大消除，充满信心。届时绝大多数股票比现在的基金还便宜，甚至有几百种股票的股价跌至1分钱仍没人要。伴随着以部分银行大批量坏账、部分国企大批量破产、部分地区大批量失业为主要症状的经济大手术、舆论大开放、政治大改革，将是救市并发财的特大机会。

2.莱钢城市

2002年3月17日上午，从北京飞济南，转车去莱钢股份有限公司参观。这个大企业，已经演变成一个有着纵横交错的商业街道的新城市。戴上安全帽，跟随公司老总们，参观了那些引进现代化生产流水线设备的热气腾腾的超大规模的车间。

莱钢是亚洲最大的船用锚链钢生产基地，国内市场占有率达83%。在高层建筑中必不可少的高强度、高抗震的H型钢，是莱钢的拳头产品。莱钢的螺纹钢的规格系列较全。莱钢的热轧带钢，获"省优秀新产品一等奖"、"国家级新产品"等荣誉。

不是职工的我，认为：莱钢的优势在于主营业务很明确，领导班子精神抖擞。需要防患于未然的，有三点：一、能源如果涨价，对利润的制约。二、怎样把资产负债比率从目前的4S1%进一步下降，确保在未来的微利时代，没有后顾之忧。三、中美两国就钢铁产品发生贸易磨擦，不忘我国仍属弱势群体。

不是股东的我，建议：为了保护莱钢8万多名股东的利益，今后几年，最好一有机会就送红股，把股份拆细，把盘子搞大，把股价摊低，以主动卧倒的防范态势，迎接未来股市的暴风雪。

我还想到：在上市公司频频改名的氛围中，"莱钢"两字，不要改，莱的草字头，引火燃烧，炼钢正旺。资金滚滚而来，原料滚滚而来，应了莱中之来。莱字既可正解为中国莱芜之莱，也可曲解为西方莱因河之莱，土洋之味两全，有助于产品畅销国内外。

当然，股票简称"莱钢股份"，其"股份"两字累赘，若把股票简称改为"莱钢城市"，树立起一家公司等于一座城市的新形象，前景更灿烂。同时名正言顺地把主营业务，从钢铁产销，拓展到利用这些钢铁，进行当地城市的进一步大规模兴建，还可以在必要时增发新股，把奶酪做甜、做大。

3.泰山感悟

2002年3月18日上午，从莱芜到济南的途中，顺道上了泰山。多年前，我曾从前山步行而上。这次从后山乘索道缆车而上。一辆缆车有六个座位，同车的另外几位老总，体重各在180斤、200斤不等，大家笑道：这辆车别坐满，三个大男人，体重已相当于六个小姐，若再坐进人来，小心超重而缆断、坠车。

身在缆车往山顶运行，观窗外底下山景，那是昔日皇帝也伏地仰望的，却已在我们的俯视之下。这天正是某证券大报以记者名义，报道新股发行该向持老股者配摇号之事，惹得当天股市上蹿下跳。

我在山风习习的泰山顶，逛那阳光明媚的天街，品味着身在股市之外的轻松。此时此刻，交易所、证监会的同志们可忙啦。B股投资者享受A股摇号否？开放式基金投资者享受A股摇号否？

若每10万元市值配1个摇号，10万元的散户，连摇10年都中不了1个新股，咋办？他们心灰意冷，最终都懒得去申报领号，结果新股全被承销商包销，咋办？为了让大家能中签，干脆新股成群结队大批量集群发行，大家中签倒是中签了，然后一窝蜂上市，集体跌破发行价，咋办？

为扩大领号权，庄家做高持股的市值，中签后又抛股腾出钱来认购所中之新股，你抛我抛大家抛，老股跌停，卖不掉，腾不出钱来，咋办？浪费中签号，还得由承销商包销啊。这市场，最后还是让持币者看完笑话，再来救市，不仅救二级市场，还得再救一级市场。

有关二级市场配新股摇号之事，技术方面的准备，八字还没一撇，就先由记者急匆匆地宣扬，别是用一连串的利好信息，骗股民在高位接庄家的盘。有关部门嚷嚷二板市场，即将开放，"即将"了那么久，却至今没开放。这二级市场配新股摇号之事，千万别是又一场类似二板市场的持久大嚷嚷。

届时用老办法发新股发了几个、几十个、几百个、几千个，那二级市场配新股摇号之事的技术问题，还没搞定，那现在冲进股市的部分股民老百姓，岂不又吃第二遍苦，又吃第三遍套，然后第四遍骂娘，第五遍发誓下回解套出来，再有什么利好，也不进去了。

这天晚上从济南飞回上海，沐浴休息。次日清晨，博览电子奏折后，给部下们发出了如下指令：

我们在利空频传而不见利多的风声鹤唳中，曾经重仓抄底，果断救市十几个品种。我们又在利多频传而不见利空的莺歌燕舞中，彻底逃顶清仓持币，在高位坚定地回复到持币休息或申购新股为主的以逸待劳状态，不被"每10万元市值配1个摇号"、"股票质押贷款"等一系列连环诱多稻草所迷惑，哪怕彻底取消原有的一级市场，我们也置身局外，先看笑话再说。

举着杠铃、憋着小便、寸步金莲上楼梯的拱军，含蛇年战役中遭受重创的机构残余的再度集结，他们还在犯昔日犯过的错误。无须国有股减持，光是发一批又一批大盘新股和大盘基金，就够他们喝饱一箱又一箱啤酒的。一旦国有股减持重新启动，再怎么伪装向上，最终将让他们再次屁滚尿流……

肖永生2008/10/27 22:05:21在童牧野博客跟贴评论："童牧野早在2002的3月23日就提示了，中国股市在2009年之前大崩盘。打开2002年的四川《金融投资报》，白纸黑字写得明明白白，文章标题《祥和气氛下的讨论》。睁开我们的眼睛吧。"

股市启蒙的四不纲领

📖童牧野语录：

　　如果你已经把芸芸众生都培养成无神论者，你就别指望他们会相信你的什么神圣权威。无神论者，连上帝都不信，还会信政策多变市的所谓政策底吗？

　　1.不盲从

　　在过去的几十年，地球上发生过多次局部战争，如英国与阿根廷，欧盟与前南斯拉夫，多国部队与伊拉克，美英与塔利班，等等。

　　上帝没让我去参加其中任何一方的战斗。

　　我的前辈呢，有权同情其中偏弱的一方。

　　我呢，也有权欣赏其中偏强的一方。

　　结果总是我欣赏的那一方，大获全胜。

　　同理，在中国股市，当多空双方在某个区域，久久相持，财神没让我去做多买股，也没让我做空抛股，因为手中已经无股。

　　我的前辈呢，有权同情其中费劲的一方。

　　我呢，也有权欣赏其中省心的一方。

　　结果总是我欣赏的那一方，如愿以偿。

　　官方某刊，发函到我的电子信箱tongmuye@hotmail.com，采访众名家对于政策市的一句话评价，其中也希望得到我童牧野的"真知灼见"。

我的习惯是，报刊专栏让我写一千字，我必写两千字，随你删去前面一半，还是删去后面一半，请随意。

这次你要一句，我给你两句，随你删去前后哪一句。

两句如下："如果你已经把芸芸众生都培养成无神论者，你就别指望他们会相信你的什么神圣权威。无神论者，连上帝都不信，还会信政策多变市的所谓政策底吗？"

这些个道理，在股市内外，都是相通的。

成人一听就懂，小孩子听了，则未必一下子能懂。

2. 不恶心

"爸爸，你能教教我股票吗？"读完小学二年级、正放暑假的孩子，不止一次地这样问我。

行！但现在全面教你还太早。

再过8年，等你年满16岁，领到了身份证，我陪你去银行、证券公司开立资金账户、股票账户、银证划账、网上交易。

然后把全家资金的一部分，划到你的账户，让你全权操作，一旦发现青出于蓝而又胜于蓝，你比爸爸厉害，那我就提前退休，让你提前接班。

"为什么不能现在就系统地学一学？"他想，早在他学龄前，我带着他去浙江、江苏、江西等地巡回演讲时，他耳濡目染，就熟悉了很多股票的6位数代码。

但从他上学起，我就尽量让他远离股票。

让他多看电视，多看儿童读物，让他尽情玩够传统游戏和电脑游戏，有一个轻松、快乐的童年。

如果将来真想弄懂股票，现在先学好其他基础的东西，如语文、数学等等。有助于看出各类公告的字里行间的鬼名堂，有助于鉴别各类报表的前后矛盾的鬼花样。

这还不够，得全面训练他的心理素质。

我问他：你觉得什么东西、什么事情最恶心？

他笑着想了想，说看到地上的他人的呕吐物最恶心。

那好，让你看一段互联网上的纪实录像：有个大嘴巴的自虐狂少女，把自己的小拳头，完全塞进嘴巴，她恶心得吐了，吐在一个大碗里。

她反复用拳头折磨自己的口腔、喉咙，反复喷射着呕吐出黄黄的、浑浊的、黏丝的东西，把那大碗吐满了。

一般人看录像看到这里，已经有点不舒服，肚子饱的观众，恐怕也会跟着吐出来。

瞬间的恶心不可怕，可怕的是反复的没完没了的恶心。

那少女开始用她那黏乎乎的脏手，在那脏碗里的呕吐物中搅拌着、寻找着什么，寻找到一粒未消化的固状物，塞进嘴里咽下去。

这还不够，她端起那大碗，大口大口地把自己的呕吐物重新喝下去，喝到一半，又更猛烈地喷射呕吐出来，表情极为痛苦，却捧碗再喝……

据说很少有人看完此录像。

那些需要洗胃的人，看不了一半，就能把胃吐得干干净净。

我提醒孩子：股市中的事情，比这恶心百倍的多的是。

那些在顶部吃股票的股民，就是在吃他人的呕吐物。

那些庄托股评家和庄托传媒，就是脏手搅拌呕吐物。

这一切，要见怪不怪。

自己不吃，不要反对别人吃。

3. 不恐怖

看完恶心的，再看恐怖的，有助于练就铁石心肠和英雄肝胆。

2002年暑期的一级市场股票只供二级市场配售，没我什么事。

至于二级市场很多人在喝他们误以为喝了没事的东西，也没我什么事。

于是尽情休闲的我，干脆不看盘，在股市交易时间的上午，带孩子去电影院看国产恐怖烂片《凶宅幽灵》。

那部电影对我来说，简直不值得一看，情节一看就假，而且一看开头，就能猜到结尾。

但它很对我孩子的胃口，他最爱看这种把电影里的大人一个一个吓死、却吓不倒小孩观众的泡沫型恐怖片。

散场时他开心得又笑又跳。

父子交流观后感，他认为那部电影里貌似恐怖的是那张白色笑脸红嘴唇的假面具。

行啊！未来的中国股市就等着你去欣赏它。

那种什么暴涨踏空、暴跌套牢的泡沫型恐怖，能把许多成人机构、成人股民折腾来折腾去，但却折腾不了在关键时刻跳出是非圈外的冷静看客。

至于上市公司的假面具，无论中国股市还是美国股市，都是层出不穷。

你不觉得它们真恐怖而只是貌似恐怖。很好！

看完电影，父子俩在美食街吃中饭。

他谦虚地问我："将来我长大了，你教我做股票，如果我学不会，怎么办？"

我的回答，绝对让他满意："学不会，就不用学。你可以不做股票，你的孩子也可以不做股票。学会把钱存在国家办的银行，不被股市中的伪劣企业及其破产企业家骗走，就已经及格了。"

是啊，老一代革命家打天下，他们的后代无战可打，享受和平盛世，不也很好吗？

如今的股市竭泽而渔，那么我们的后代会不会都远离股市？

这孩子各学期各门功课全优，已经比我小时候更优秀。

我担心的是他长大后成为大文学家或大科学家，回过头来看我这个做股票的，如看一个不再时髦的土包子。

4. 不闭塞

鉴于此，与其让他跟我学点什么，不如我跟他学。

这个暑假，他爱不释手的《新世纪儿童版十万个为什么》多卷本，我也经常拜读，以便跟上他的思路。

转眼他又自学起《电脑教程》多卷本的厚书和光盘，我也悄然跟上他的快马无须加鞭的自学节奏。

以至于他觉得爸爸跟他最有共同语言，常会说出他最想说的下半句话。

孩子搂住我的脖子，脸贴脸，心贴心，说："爸爸的大脑，跟我的大脑，会共鸣！"

我想我能够不痴迷于股市，能够抓住股市涨也不必买、跌也不必买、看也不必看的那段必须100%空仓的宝贵的假期，享受生活，享受亲情，是我区别于输家的赢家重要本能。

那些一进股市就忙到死、累到死、哪怕股市走水平线也频繁买进卖出从来不肯休息的股盲，老天爷选中了他们作为股市的牺牲品。

好，今天先写这么点，上午不等开盘，我又该带孩子看电影去了，今天要看的是来自美国的最新大片《克隆人的进攻》。

突然意识到：当美国的那斯达克指数在上证指数的上方时，它对上证指数有向上的牵引力。而当美国的那斯达克指数在上证指数的下方时，它对上证指数有向下的牵引力。

不信你去验证。

其背景原因是，两国股市一直在暗中攀比，一会儿看谁吹泡本事大，一会儿看谁造假功夫深……

童牧野2006年11月16日补记：这个短篇小说，作于、发表于四年前的2002年。昨天，本博留言板上有读者朋友建议我把它上传本博。我欣然接受这个建议。自复品之，仍感鲜嫩爽口。

鲍秀玲2006/11/16 08:59:30在童牧野博客留言："就是这篇发人深省的美文，在我迷茫的时候，启发了我的神经，让我在股市的阶段性顶部，依然抛出股票，保住了资金，当时我身边的人都是看多后势，那时候我还不认识先生，只是经常看你的文章，你的文章不像其他股评文章那么枯燥，即专业、又不乏幽默、风趣，重要的是你常常与众不同的观点，引起了许多人的注意，媒体上也不断看到表扬你的读者来信。也许，主力庄家的蓝眼睛这时候也在悄悄窥视你了，呵呵……"

喜迎和感恩

📖 童牧野语录：

那孩子游行归来，还得去水站排队买自来水，几百户人家共用水站的一个水流很细的水龙头，每天要花几小时排长蛇队，买一担水，再龇牙咧嘴地忍着肩膀上的沉重和疼痛，挑回家。

1.喜迎

念小学三年级的孩子，问我："爸爸，什么是十六大？"

我答："中国共产党第16次全国代表大会，简称十六大。"

他继续发问："还有，什么是'喜迎十六大'？"

我诲人不倦："喜，就是欢喜。迎，就是迎接。很欢喜地迎接十六大的召开，简称喜迎十六大。"

这下他懂了，但好奇心仍然很强："那什么时候喜迎十七大、十八大……一百大、一万大？"

我一边按计算器，一边把数字显示给他看："大约2007年喜迎十七大，2012年喜迎十八大，2422年喜迎一百大，51922年喜迎一万大。"

听了这些数字，他笑了，脸上充满喜迎的神色。

父子俩都对数字敏感，在小学念书时，最喜欢的课，都是数学课。来，来，来，让我这个做爸爸的，教儿子一招：怎样喜洋洋地观察十六大的召开，对股票交易的积极影响。

首先，用全球最发达、最客观的检索网站Google，检索到全球共有23万个网页，提及中文词汇"十六大"。同时检索到全球共有275万个网页，提及中文词汇"股票"。23万除以275万等于8.4%。

上证指数的半年线（120天均线）在半年前的2002年5月8日，处于1615点，而在十六大召开前一天的11月7日，处于1608点。它们的简单平均值是1612点（半年来的多空界河点位）。

从界河点位向上浮动8.4%就是1747点，极其接近全年最高点1748点（6月25日上摸点位）。

从界河点位向下浮动8.4%就是1477点，相当靠近10月29日下探的1488点，而这1488点若扣除10月下旬开始的新股上市首日以发行价作为基数计入指数造成的跳高，实际也就在1477点附近。

这是巧合吗？就算是神奇的巧合吧。更神秘的巧合还在于：8.4%中的数码信息8和4，与16的关系，刚好是16对开得8，8对开得4，属于反复对开仍得整数的双喜关联数码。

2.感恩

2002年的股票大户童牧野，在梦幻中，穿过霍金的宇宙虫洞，悄悄地站到1969年念小学五年级的贫穷孩子童牧野的身后。

看着那个12岁的孩子，受校方组织，参加为欢庆党的九大召开而举行的全国性的通宵游行。

那孩子游行归来，还得去水站排队买自来水，几百户人家共用水站的一个水流很细的水龙头，每天要花几小时排长蛇队，买一担水，再龇牙咧嘴地忍着肩膀上的沉重和疼痛，挑回家。

大户童牧野对穷孩童牧野说："这一担水（两个大铅桶），几十公斤重。压得你够呛。我来替你挑吧。"

穷孩童牧野一边摇摇晃晃地挑水快步疾走，一边目光炯炯地瞪一眼大户童牧野，警觉地问："你是谁？"

这一问，把大户童牧野给问醒了。

醒来后想，从喜庆九大到喜迎十六大，33年来，变化真大啊。如今的幸福孩子，很难想象33年前家里没有水龙头、没有淋浴喷头、没有浴缸、没有抽水马桶、没有电视、没有空调、没有电脑、没有宽带、没有存款积蓄、没有股票账户，怎么过日子？

而33年前的贫穷孩子也很难想象33年后的另一个自己，只要在家里的电脑中用鼠标点点，键盘敲敲，就能完成股票买卖，而且周而复始地总有足够的利空让自己能够低吸得着，又周而复始地总有足够的利多让自己能够高抛得掉，一点都不需要自己过分操心。

一切服从党和国家的完美安排。整个国家，各行各业都越来越发达。

家中，每次买数袋共几十公斤纯新大米，或每次买数箱共几十公斤产于内蒙古大草原的纯鲜牛奶，只需要在互联网上按键下单，在规定的一两个钟头内，就会有超市的员工送货上门并签字收款，服务态度非常好，再重的东西不嫌重，希望客户多买、常买，几家超市互相竞争着呢。

在甜美的生活中，也不用担心下一代会被娇惯，如今学校压在孩子身上的功课，是33年前压在老一辈孩子身上的功课的33倍都不止，足以让他们勤奋不止。

现在的小学三年级，不仅要熟练电脑操作和英语口语，还有老师在课堂上教孩子们用针线缝纫布口袋、用鞋油鞋刷鞋布擦皮鞋的生活劳动课，每周都有，简称生劳课。

此刻，孩子放学回家，一进门就说："老师布置作业，用'无论……都……'这两个词造句，不能用老师讲过的例句，也不能用课本上、辞典上有过的例句。爸爸，你能帮我想一句吗？"

没问题。十六大开会期间，中国股市无论多空双方谁占上风，都应该团结起来，共同表达上下起伏的感恩之心。

孩子开心地笑了："这句话不像是小孩子说的。大人味太浓啦！"

那么再给你几句。

无论哪位老师当上了校长，小朋友们都热烈鼓掌。

小朋友们无论上学还是放学，见到老师都争先恐后地鞠躬问好。

股民无论买股还是卖股，都自动奉献印花税……对不起，说着说着又忘了该说小孩子的句子。

自信和超越

童牧野语录：

　　如果全世界人人都是霍金，那就集体坐轮椅，没人种田，集体饿死。

　　很多股民来函，说从我的专栏文章看出我是个十分自信的人。

　　是啊，平常做股票，无论是空仓数月还是满仓数天，我都极其自信。

　　他们问：这种自信，是怎样培养出来的？他们学了，也好培养培养自己，培养培养孩子。

　　这，可能跟我少年时期的经历有关。我念高中二年级的时候，平常昏昏欲睡、无精打采的班主任，寒假到我家做家访，精神抖擞地对我父母说：这孩子的数学、物理、化学、英语这四门课，居然做到了平常无数次作业全是满分100分，期中、期末考试也都满分100分，以至于成绩单上这四门课的总评也清一色满分100分。

　　学校从解放前到现在的几十年历史中，从未有过这样的学生。

　　当时校方还搞过一次物理竞赛，我得满分100分成为了冠军，亚军的成绩是60分以下，其他同学得10分左右、20分左右的一大片。组办那次物理竞赛的陈老师，后来成了浙江全省首位特级教师。

　　而当时，我的父母正惦念着让我退学，去乡下民办企业做学徒工，以便每月能挣二十几元工资糊口。

那么多年过去之后，每当我的股市观点与绝大多数人相左时，我充满自信地暗笑：我又得满分100分，对手方则纷纷不及格。

当我谦虚地说，我已经发表的几千篇随笔，都属轻微的热身运动，我已经完成而有意深藏于酒窖的重磅级的哲学著作、文学著作，在2017年前后发表，会让各国读者不敢相信我怎么还会有余暇在股市中忙来忙去，就像现在我的孩子很难想象我曾经是一个每月只挣二十几元的最穷最穷的学徒工。

当我培养我的接班人时，注意到父母一代如果太强、太自信，会影响子女的自信。我的念小学三年级的孩子，发现任何语文、数学方面的难题、怪题，到我手中都轻而易举地化解，并指出多种解法中的最简便解法。他不止一次地感叹："爸爸你是不是世界上最聪明的人？我长大后再怎么努力，可能也超不过你。"

我的回答是：别说那个大大的世界，光说这个小小的上海，比爸爸聪明的，就何止成千上万人。

9岁的你，在很多方面已经超过45岁的爸爸。你懂五线谱，会吹口琴，爸爸不懂也不会。

你的英语口语又标准又流利，爸爸只能听懂却羞于开口。

你的电脑知识，自学得又系统、又专业，什么局域网、网上邻居、三维动画，动口动手都挺行，爸爸在这方面甘当你的学生。

你擦皮鞋都擦得比爸爸好，以后全家的皮鞋都归你擦。

孩子也跟爸爸比赛谁更谦虚："可是，爸爸，你懂股票，我还不太懂股票。"

"股票这东西，哼！"我笑道："因为爸爸还不够聪明，所以靠股票挣点钱。这个世界上最聪明的人，大多没时间玩股票的，过去世界上最聪明的爱因斯坦，现在世界上最聪明的霍金，都是没时间玩股票的。你将来如果比爸爸更聪明、更有出息，也应该是没空玩股票。"

"我对股票还真的没有太大的兴趣，这方面我也许遗传了妈妈的基因。"孩子很有自知之明地如此说，让我感到很欣慰。

我也很有自知之明地说：每个人的聪明，都是有限的。

爱因斯坦在相对论方面最聪明。霍金在宇宙论方面最聪明。论炒菜手艺，他俩可能都比不过附近那家餐馆的厨师。论杂活技巧，他俩可能都比不过小区里的清洁工。

所以在这个世界，谁也别瞧不起谁。

如果全世界人人都是霍金，那就集体坐轮椅，没人种田，集体饿死。

如果全世界都没有恐怖分子、没有罪犯，那么全世界的刑警就会失业。如果全中国的股民都有幸看全我的文章，从此人人都不肯在股市输钱，那赢家从谁手里赢钱？如果我一切的一切，都比你聪明，就会压得你没有自信。

为了表现自己在许多方面不如儿子，以此培养儿子的自信心，我有意在跟儿子的文化交流方面，提供种种不足之处、破绽之处，引诱他自信地行使否决权。

比方说，老师布置的作业，用"无论……都……"这两个词造句。孩子请我帮他打开思路，特别关照我别用"无论牛熊，我都珍惜"之类的成人句子、股精句子，要想出小孩特色的句子。

于是我说："无论刮风还是下雨，上学都不能迟到。"

孩子说："不行。类似的句子，老师已经在课堂上说过了：无论天气好坏，本次秋游都将如期进行。"

于是我换一句："无论孩子考满分还是考零分，家长都不能打骂孩子。"

孩子说："不行。家长说这话，显示爱心。孩子说这话，意味造反。何况类似的句子，在课外辅导读物中有过：无论小朋友们取得了多么好的学习成绩，都不能骄傲，要永远谦虚。"

我还提供了大量有意让他驳回的其他句子，此不赘述。

后来，他给我看他的作业本，他写下的是他自己独立想到的句子："无论遇到多大的困难，我们都能克服。"

这话，大概也只有小孩敢想、敢写、敢讲。

股市做多很困难时，我敢做多吗？不敢。

发表新理论会让靠老理论吃饭的教授、研究员纷纷失业，敢不等他们退休就倾情发表吗？不敢。

于是我假装误读，高声朗诵："无论遇到多小的困难，我们都不能克服。"

孩子听了先是笑弯了腰。接着他一边欢笑着复述、品味这反义句，一边和爸爸脸贴脸地拥抱在一起。

我注意到一个细节：为什么不说"我都能克服"而要说"我们

都能克服"？

孩子很有心计地解释：我代表一个人，而我们代表地球上几十亿人。比如登月宇宙航行，很困难，我不能克服，但我们能克服呀，因为这个"我们"，不仅代表中国人，也代表美国人呀。

行啊！既说了大话，又不失为真话。真是一代更比一代强。

从此，孩子念念不忘超越爸爸，向我了解各种各样细节：爸爸是1970年13岁念初中才开始学那种当代英国人都听不懂的英语句型"A Long Long Life to Chairman Mao!"（毛主席万寿无疆），是1978年21岁才见识到别人家的小小的黑白电视机，1990年33岁才知道股票，1992年35岁才触摸电脑。

孩子在小学三年级就已经在超越爸爸35岁时学的东西，并且提前受爸爸45岁的情商、财商的熏陶。

在中国股市乃至中国社会，无论您现在属于弱势群体还是强势群体，别忘了您的首选超长线绩优股，不是任何股票或基金，而是您的后代。

您的正确投资，不在于您为其花了多大学费，而在于您为其花了多少卓有成效的时间，并取得了多大程度的共鸣。

同时别忘了写下来，让孩子长大了看看，让家族或民族的经验和教训，一代一代传下去，季季添砖加瓦，年年增资扩股。

日积月累，这样的精神财富将胜过物质财富，这样的精神财富将带来更大的物质财富。

新论语灭蚊咒

📖 童牧野语录：

　　非隐私类博客的抗敌性更强。如敌方在余华博客的评论栏漫天叫骂、辱骂，余华数周、数月无暇上网而不屑一顾，有空浏览时，边删边乐，大有悄无声息就灭敌无数的上帝之手感、成就感。感觉爽极了。

　　新论语2008/7/15曾在童牧野博客跟贴念咒，欢迎众战友拷贝喜念，把来犯之蚊蝇活活念疯：

　　敌虫蚊蝇只会以讹传讹，没有读过元帅系列著作，对元帅的攻击也就无的放矢。如：

　　元帅在书中写"2017年后"获国际文学大奖（国际文学大奖有特大几十种至很大几百种，余华已经获其中的十几种）。注意元帅的谦逊用词"2017年后"，哪怕是2057年获得，都属于"2017年后"。

　　元帅在书中写自己全家并希望后代子孙，不从政，不加入任何狰痣党派（"狰痣"不可换成谐音的常用词，否则与后一个词结合，会是跟贴评论栏的最新禁忌词），创建书香门第。而敌军胡编什么"后代成为总统、国务卿"再予以污评，纯属臆造靶再臆造箭，比无的放矢更小丑的"臆的喷污"。

　　怪不得敌虫被众战友、众网友骂为"大白痴、小老鼠、臭蚊蝇"。那痴，那鼠，其实蚊蝇而已。夏灭蚊蝇。人人有责。

蚊蝇被灭前就可能气疯的是：被新浪纳入商业广告共享计划的数百万以上访问量的博客如元帅博客，敌我双方天天访问元帅博客，都为博主增添了每天的广告收入提成。频频来犯，也等于频频孝敬。

输家敌虫对赢家元帅，往往耿耿于怀。赢家元帅对输家敌虫，一般不屑一顾（常由巡逻将士代劳拍灭蚊蝇）。

帅语1（童牧野2007/07/11 06:11:41答曰）：

谢谢告诉。那蝇嗡嗡、恨丁痕被删，　再留痕，留后必看痕还在不，谢其又恨本博又天天来看本博N遍。

本博大多数时间不上网，长短不定时地经常暂缓删那痕，更加促蝇焦躁、乱飞、崩溃，促其强迫症似屡看痕是否一直都在（在则更加挂念何时痕才被删）。

终见痕又被删，蝇心必又咯噔惊忿。见删之，本博及铜丝群体倍添成就感（点数留，污痕除），蝇则倍感失落（无用功啊，每天花几小时贴一大堆，突然被博主的值班将领批量打勾一键式一秒钟删除。赞美新浪提供如此便捷的好功能）。

高智商的我军，怜悯低智商的敌虫。盛夏之蝇，秋凉自灭。

帅语2（童牧野2007/07/14 06:08:12答曰）：

谢谢支持。那蝇，老马甲臭了、弃了，换了新马甲。但那固有的浮躁语气和用词习惯，还是露了马脚。我军值班将领，偶尔坐镇抽查，用蝇拍，戏弄嗡嗡乱飞的它，其乐无穷。

财神爷爷关照本博把首页左侧的某些索引隐蔽后，那蝇瞅那痕还在否，光是点击首页一下是不够滴，还得点击具体文章（点击第二下）甚至翻到文章评论的第二页（点击第三下），才能看到那痕在耶不在。每个昼夜，它得如此三下、三下……点击无数下。真是谢谢废寝忘食的它啦。

本博偶尔看看管理面板呈现的新增留言和新增评论，一目了然，批量打勾，轻松甄别。

帅语3（童牧野2007/07/08 07:07:18答曰）：

谢谢告诉。判断正确。据好鬼阿锤报告：确属一位，而且是想参军却被本厅甄别、拒绝而恼羞成怒的一位。过去也有此类事件，最终销声匿迹（其自己的博客也长达多月甚至跨年没再更新）。

敌军一般是三种结果：改邪归正而化敌为友，受神罚而爆仓导致精疲力尽，被好鬼阿锤少校的部下众厉鬼所收拾。

帅语4（童牧野2007/10/19 07:32:48答曰）：

是啊。与纸质作品、著作类似，博客也可分隐私类博客（如某些影星的博客，上传了当晚宾馆的卧室图片、当晚餐桌的菜肴图片，等等）和非隐私类博客（不暴露自己的行踪、赴宴等信息，如：余华博客的文学讲座式散文，童牧野博客的藏书、按语栏目，等等）。

隐私类博客受到敌方恶意嘲弄、挖苦，会影响博主情绪，甚至导致愤而关博。

非隐私类博客的抗敌性更强。如敌方在余华博客的评论栏漫天叫骂、辱骂，余华数周、数月无暇上网而不屑一顾，有空浏览时，边删边乐，大有悄无声息就灭敌无数的上帝之手感、成就感。感觉爽极了。

帅语5（童牧野2007/09/24 06:59:10答曰）：

谢谢祝福。稳妥。答：

谁都可匿名"新论语"。其中有些是友军的潜水员。其灌水内容，经核对为真实。本博明察其动机，誓把敌军污迹，驱逐出评论首页。首页容纳评论50条。

第51条会转至评论第2页。敌军污迹占据不了首页，已使敌军更难露嘴、更抓瞎、更自贱，居然患上性臆想强迫症，直至精神崩盘。

注意到"新论语"引述的都是童子（童牧野）与将士的留言板对话，与孔子与门徒的对话（论语），遥相呼应。

本博领会后受宠若惊。本博赞赏将士们用实名前呼后拥"新论语"驱逐敌军污迹的如此出奇制胜的妙招（比赛抢滩前50条）。

帅语6（童牧野2007/07/14 06:05:24答曰）：

是啊。人，不要去感化蝇。

要向奥斯卡音乐奖得主谭盾学习。国内有个老作曲家连篇累牍发表文章指责谭盾的作品根本不是音乐。央视想让那老作曲家"意外"登场，撮合他俩辩论。

谭盾见了，温文尔雅地说："我跟他不是一个层次的。你们慢聊，我不奉陪。我忙，我走了。"

帅语7（童牧野2009/4/2答曰）：

敌军看到这种完美，气最不打一处来。天天又要来窥视，窥视之后又要吱吱吱生气。

被股市气气，再被本博气气。气出精神强迫症，完全忘了自己姓啥名谁，或者惭愧得不好意思说自己姓啥名谁。

那无名无姓、又要冒名冒姓的无名鼠辈，惹得我军将士瞧着，如猫瞧风箱中的疯老鼠，猛然爆发哈哈哈哈哈哈哈哈哈哈哈哈哈哈哈哈哈哈哈哈大笑不止。

轻松轮换的值班将领删鼠屎，以逸待劳，干自己爱干的其他事，无需刷新，有新贴时，系统自会冒出闪光的铃铛，那时察看不迟。我军巡逻将士灭鼠，一鼓作气抢占地盘后也休息去了。

而疯老鼠要看自己的鼠屎是否又被清除，得反复来刷新、来吱吱，那可比轻松轮换值班（或不定期的全体休假不值班）的我军累多了。

帅语8（童牧野2009/4/15）：

Mario Vargas Llosa《谎言中的真实》赵德明译，云南人民1997平装，第6至7页："那时候我得到一篇文章，现在不记得题目了，看了以后，让我既伤心又生气得要命，因为不仅对我谩骂，而且还造谣。我拿给聂鲁达（童牧野注：Pablo Neruda，帕勃罗·聂鲁达，1904年至1973年，西班牙语诗人、1971年诺贝尔文学奖得主）看。当时正在酒会上，他醉醺醺地发出预言：'你开始有名气了。你可要知道以后的事：你的名气越大，这样的攻击就越多。受到一次赞扬，就会招致两三次这样的谩骂。我有个木匣，里面装着凡是可以加给一个人的各种谩骂、诬蔑和诽谤。没有一种坏话是不加到我头上的：小偷、流氓、二性子、叛徒、王八……各种坏话。你要是成为名人，你将来也会有同样的体验。'聂鲁达的预言真的完全应验了，丝毫不差。已经有几捆骂我的文章了，里面凡是可以骂人的一切脏话绝对都有。"针对那种谩骂，韩寒采用以色列的做法：十倍回敬。余华、童牧野采用美国的做法：完全不予理睬，随愚昧者喊十亿遍打倒美帝国主义，我视而不见，听而不闻，有嘴没空对无缘者解释。继续大干、实干、巧干我自己的善事、正事、好事。无暇多瞧愚昧者一眼。

童牧野语录2009/8/27滋润

📖童牧野语录：

关于放量涨跌、缩量涨跌的量价搭配，可积累经验、直觉，但据此总结趋势规律，属于走火入魔。犹如根据男女的高矮胖瘦搭配，如男高女矮、男胖女瘦等等各种搭配，可积累经验、直觉（表面上是否般配），但据此总结其婚姻能否幸福、持久，属于走火入魔。

刘海滨2009/8/27来函：

童帅，您好！

今后，这每日大盘收盘后的剩余买卖比、流通市值比总市值、盘后成交金额等，是每天盘后向您Email请示，还是您告诉我们上哪个网页自己查去，请指示！

顺祝元帅全家愉快！

童牧野2009/8/27去函：

刘海滨，全家好！

来函欣悉。答：那些数据，无须请示，也无须自查。

本帅奉财神令而不再刻意关注的某些数据，您也可以不再刻意关注它们了。

多年实践，用不测市的鬼脸进行自我纪律监督，效果更干脆。刻意考虑量价关系，反而把干脆的动作，拖泥带水化。而有关鬼脸，本帅著作已经讲清，财团很多将士熟读那些著作后，已经用得比本帅还好。

为了感谢财神及众神赐给本帅及忠诚将士年复一年赚钱更多的财运，本帅必须执行的神圣使命是：用更多的时间身先士卒地让广大将士更多关心世界文学。世界文学是促进全人类走向新的意识形态、新的生活方式、新的社会建构的灵丹妙药。

同时相应地坚决地对股市花更少的时间，更少关注股市，更少（或更节制地、更知而有所不言、知而尽量少言地）谈论股市，通常大多数情况下更强调现金为王。

鉴于此，本帅执行财神旨意，坚定不移地逐步落实本博越来越远离股市拼搏、越来越靠近文学自修的变化方向：

第一步，终止股指期货、港股、美股的每日观察记录。此举于2009年7月落实。

第二步，终止鬼变脸、MACD之外的其他参考数据（涨跌家数、收盘剩余买卖比、流通市值比总市值、沪深总成交金额等）的每日观察记录。此举于2009年8月落实。

第三步（本帅何时开始执行这个第三步，有待财神将来进一步下令），把股市鬼脸逐日公布，进一步淡化为每隔好几天才集中公布一次，甚至每隔好几周、好几月、好几年才集中公布一次（反正铜丝族都会算鬼脸，隔好久对照一下标准答案，确信都算对了即可），以示与股市保持更大距离的坚定意志（2009/9/15后记：此举于2009年9月落实。从此博客将有可能不是每天更新。以便腾出更多时间，不仅经常远离股市，而且经常远离网络，更多更快地博览世界各国文学的纸质书，更美更爽地密创将来可传千年的大部头）。

财神让本帅用上述实际行动，提醒大家：

未来多空走势与量价的关系，并非纯理性、可推理的关系。

关于放量涨跌、缩量涨跌的量价搭配，可积累经验、直觉，但据此总结趋势规律，属于走火入魔。

犹如根据男女的高矮胖瘦搭配，如男高女矮、男胖女瘦等等各种搭配，可积累经验、直觉（表面上是否般配），但据此总结其婚姻能否幸福、持久，属于走火入魔。

因为在涨跌趋势、幸福持久与否方面，放量、缩量、高矮、胖瘦，虽是无数种因素之一，但远远不是决定因素。一个杭州胡斌飚车，就可拆散一对鸳鸯、阴阳两隔。一个私募小机构钱烧包还是资金链断裂，就可让个股上蹿下跳。

那些突变，可让量价分析被贻笑大方。然而鬼变脸的迅速纠错功能、应急转向纪律，已让我们进退神速自由。

授予鬼变脸，已经是授予渔。该简化的，都尽量简化。该省事的，都尽量省事。财神和众神，都默认这样是好的。本帅身为财神弟子，也深感这样可以越活越轻松、越活越滋润啊。

新天地 2009/08/27 20:22:22在童牧野博客跟贴评论："共鸣！收藏，常读。"

臧则民 2009/08/27 21:54:38在童牧野博客跟贴评论："谢元帅分析。如谈家常。"

乐游一生 2009/08/27 21:25:27在童牧野博客跟贴评论："元帅全家好！深深理解：做减法。简化。然后才能做加法，丰富起来。"

刘海滨 2009年8月27日 22:52来函："元帅，您好！我那点儿心思，元帅是一语中的。没错，我是想从对市场总体的量价数据跟踪，来把握市场的脉搏，以便从中找到机会。这也是从元帅的早期宝书中领悟出来的一部分吧。但我的逻辑推理总是跟不上元帅的思路，奈何、奈何？再次感谢元帅的拨冗回复、指点，非常感谢！祝您全家生活愉快！"

冯琛越 2009/08/27 23:28:58在童牧野博客跟贴评论："财神爷爷元帅全家好！看元帅的博，听悦耳的歌曲，神清气爽。谢谢元帅！'世界文学是促进全人类走向新的意识形态、新的生活方式、新的社会建构的灵丹妙药。'感谢元帅把曾经股迷的我引向世界文学的殿堂。"

zjx 2009/08/28 09:19:25在童牧野博客跟贴评论："这是全球迄今为止关于量价关系的最牛解释。元帅，真有你的。微笑……"

付雪辉 2009/08/28 11:21:54在童牧野博客跟贴评论："元帅全家好，财神爷爷好！感谢元帅这样推心置腹的和我们谈心，使我等有缘者更加多方面的理解和支持元帅。能跟随元帅是我等有缘者的福气，向大元帅敬礼！"

杨会斌 2009/08/28 11:29:48在童牧野博客跟贴评论："鬼变脸的迅速纠错功能、应急转向纪律，是股市、期市、汇市最佳趋利避亏的镇妖之宝。谢谢财神，谢谢鬼变脸元帅。您们功德无量，必定修成佛果。"

孙忠仁 2009/08/28 12:01:03在童牧野博客跟贴评论："大帅全家中午好。轻松、滋润。诚恳、直接、爽气。"

红纱轻扬 2009/08/28 21:48:14在童牧野博客跟贴评论："拜读了，高人指点迷津。"

双向快乐 2009/08/28 21:37:28在童牧野博客跟贴评论："感谢财神、众神和元帅！让我们进退神速自由，越活越滋润啊。呵呵。"

堡垒 2009/08/31 10:51:50在童牧野博客跟贴评论："元帅全家好！感谢元帅的鬼变脸主义，感谢元帅赋予的定力。"

祖辈很苦，我辈很爽

——60年来的家境巨升和信念提升

📖 童牧野语录：

　　直到1974年高中毕业，我作为长子，都没有自己的像样衣服，都是穿父亲50年代穿破、打了补丁、洗得发白的旧衣裤，相当于现在的乞丐装。直到当工人，厂里发了劳动布工作服，那是我的新衣服。如今富了，我仍然穿着简朴。从小，就简朴惯了。

　　2009年是共和国成立60周年的大喜之年。不仅要大举阅兵，饱饱全世界人民的眼福，而且还大办实事，恩泽众生。

　　2009年，也是我家的受惠之年。2月份刚刚把居住条件鸟枪换炮，升级换代，留枪迎炮，3月份就开始房价连续猛涨。随后轮到把家具、电器都升级换代，全国名牌家具、全球名牌电器，却都是商家主动大幅让利，该消费者多花钱的，让你享受五折、七折的少花钱，让你多存钱。

　　这是个心想事成、心不想也事成的年代。我那多年前就弃之不住也不卖、也不出租的旧居，作为藏书楼、储藏室使用。它的内观如何、外观怎样，我不太在意。可是政府在意。

　　今年此时，又给整幢楼搭了脚手架，外墙再粉刷美观一遍。凡是球门式晾衣架，一律拆了，统一安装成伸缩式晾衣架。凡是空调外机遮阳篷五花八门的，一律拆了，统一安装成整齐美观的外机遮阳篷。这一切，全都政府买单，不要楼房业主、居民掏一分钱。

什么？有些居民还不满意？怕小偷夜间攀爬脚手架入室盗窃？雇几个通宵巡逻哨，工钱也是政府全额买单。这样可以了吧。多赢，市民得到实惠，民工得到就业机会，GDP得到有人心想、有人心不想的巨美。

这种好事，美国有吗？欧盟有吗？全球金融危机后的经济复苏、股市复苏，中国若不肯带头冲在前面，谁都没戏。

国家大爽，大人大爽，小孩也会更爽。我的长子牧野静弓，今年也心想事成，被他的第一志愿、市重点某高级中学录取。今年读高一。军训回来晒黑了。他没上过幼儿园，直接读免费公办小学、免费公办初中。从来没有参加过什么周末辅导班、假期增强班。就是一路轻松、一路爽的阳光少年。

轮到中考，也轻松，初中平常成绩名列、稳居全年级前5%者，就是全市优秀推荐生。张榜公示，面试合格，中考达标，就优先录取到市重点高中（上海市的市重点高中，都是公办的，国家拨款的，该家长掏的象征性的学费，远远低于任何民办高中、职业中专。而且民办高中，都不是市重点高中，也不是区重点高中）。

他今年2009年15岁就长得比我高了。他读高中，上学近便，有5条线路的公共汽车，从家门外附近，直达校门外附近。政府嫌他这样爽还不够爽，有关方面日夜开工，在造地铁10号线，校门外附近、家门外附近，都有站头。明年这地铁10号线一通车，他上学、放学的车程，就可从公共汽车15分钟，缩短为地铁5分钟。

当然他对国家，也知恩图报。2009年9月，全国多个城市、数万名歌者参加的大型歌会《黄河大合唱》，主会场在上海市五角场的江湾体育场。两次排练，一次彩排，正式演出，他和他的全班同学，都被汽车接送，全程参加。电视实况直播。那些著名指挥、著名歌唱家、著名电视主持人，同场献艺。

演出完毕，国旗、红黄绿变色球、蓝色海洋飘绸等等，统统归演出者个人收藏，带回家，让他的学龄前弟弟大叫喜欢。中国乐意这样主旋律的、上下都欢腾的进行艺术性的大型消费。日本、韩国，这方面，望尘莫及了吧？听，黄河在咆哮！黄河在咆哮！厉害吧？很是壮观。

可惜我的爷爷、奶奶、外公、外婆、爸爸、妈妈、舅舅、伯伯、叔叔，都没有活到共和国60周年的国庆大阅兵。他们苦了一辈子。该轮到他们大大享福了，他们都不在了。

正如1949年的时候，我、我妻、我长子、我次子，那时候也是不在的，都还没出生。苦日子的时候，我们都不在。爽日子的时候，他们都不在。

祖辈的苦日子，我早年，还是尝到过一点的。1970年我读初中时，每学期该交5元钱学杂费，家里没有。需要我向老师请求宽限到下个月父母发工资时再补交。这让老师很皱眉，也让我自己很难堪。

直到1974年高中毕业，我作为长子，都没有自己的像样衣服，都是穿父亲50年代穿破、打了补丁、洗得发白的旧衣裤，相当于现在的乞丐装。直到当工人，厂里发了劳动布工作服，那是我的新衣服。如今富了，我仍然穿着简朴。从小，就简朴惯了。

我更小的时候，去浙江省玉环县环山镇东岙里乡下的奶奶家，那破破烂烂的砖木结构、没有玻璃、只有木条窗的黑暗房子。房梁上、墙洞中、床底下、柴灶旁，常会爬出野生的蛇。人蛇对望，互不侵犯。蚊子则是肆无忌惮，把我这个城里来的小学生，叮得体无完肤，却不怎么叮老奶奶。蚊子也挑食，爱叮鲜嫩的。

那时候晚上的消遣，就是拿把竹椅，坐在院子里，摇着扇子赶蚊子。抬头看月亮、萤火虫，看周围的树丛中有没有鬼影，看地上有没有爬虫。没有电视，没有浴缸，没有淋浴房，没有空调，没有电脑，没有互联网，没有抽水马桶，没有自来水。饮用水和洗刷木质臭马桶，都同在一条河，甚至在河边的同一个石头台阶。

回到温州市的城里，父母那时候很穷，很省钱，把电灯泡都从15瓦换成3瓦，还不许我们晚上开灯看书。早关灯、早睡觉、早省电。黄昏看书，天色要不是很黑，连那3瓦的灯都不许开。真是省下电费买眼镜。如此节约到极度吝啬程度，也没有积蓄，没有存折。那时候国家也没有股市。若有，恐怕也没多少人能有余钱去买。

不要说那时候没有股票就没有投资机会。我把父母给我的几角钱压岁钱，悄悄买成好几本连环画，压在枕头底下，睡觉都要伸手去摸摸。这些文革前的连环画，当时几分钱一本。现在收藏界，疯了，把它们当成印证共和国成长历程的文物了，几百元甚至上千元一本。增值倍数，不亚于房产、股票。

我收藏的大量文革邮票，当时不花钱，都是盖销用过的，向熟人讨来的，现在也是价值不菲。但我没有因此对邮票情有独钟。我深知：上个世纪60年代的邮票，能在新世纪赚钱，是因为它居然能报销到现在接盘者的头上。等到老一代集邮者都归真，后面是没多少新一代集邮者的（新一代的新新人类，集歌、集影视，而且都是电子版的）。

何况，什么个性邮票的铺天盖地出笼，足以让后续所有新邮贬值有份、增值无缘。人要与时俱进。解放前有财主把鸦片当黄金收藏。现在谁藏毒，小心坐牢、枪毙。同理，上个世纪买了股票，本世纪赚了大钱，落袋为安的，是因为报销到本世纪的接盘者头上。外国，上个世纪买了银行股后来赚钱的，实质上，是最终报销到本世纪的众多百年老字号银行破产倒闭的受害者头上。

我们共和国的缔造者，国家主席刘少奇，党主席毛泽东。他们的后代很争气。刘少奇有个儿子已经晋升为解放军上将。毛泽东有个孙子已经晋升为解放军大校。这就是榜样（我要是小时候童言无忌：买点连环画、邮票，比当造反派头头强。当时可能大家不信。现在我说，未来社会，当解放军，可能比买连环画、邮票、股票都强，比当大学生，当股民，都强。你们信不信？），为国家安全而效劳的榜样。

我为什么现在对股市既不盼涨，也不盼跌，知道后面涨也偷着乐，知道后面跌也偷着乐。与世无争，与多头空头都和平相处。因为我看解放军看傻眼了，目光都不太能聚焦到股市了。解放军今年2009年在上海市招收女兵，一律只收已经考上大学的。没考上大学的女孩，报名参军都没资格。这比入市创业板的投资者资格审查标准，不知高出了多少倍。

国家在给解放军优厚待遇的同时，当然也没有忘记全国股民嗷嗷待哺的急切投资意愿。

这不，2009年9月23日星期三发行一个主板大盘新股。不待资金解冻，9月25日星期五就齐发十个创业板新股。全国股民一过完国庆长假，节后第一个交易日，10月9日星期五，就又发行中小板两个新股。节后第二个交易日，10月12日星期一，再发行一个中小板新股。这样比较满足吧？不够？期间还有公司债券、老股增发新股穿插进行，还有大小非按期解冻、大规模放虎出笼。确保节日前后的筹码供应（犹如几十年前的商品短缺、票证时代，每逢佳节，确保副食品丰富供应啊）。

干嘛这样啊？确保抑制通货膨胀啊。抑制通货膨胀，其实要从股价做起。家境巨升之后，要有一系列的信念提升作为配合。我们决不奢望牛市永远。从前的牛市，从来都是要报销到后来的熊市的。不要以为涨价有理，跌价可能更无商量余地。只要跌下来让低买的人（包括我在内）很爽。涨上去又让高卖的人（又包括我在内）又很爽。那是双向、轮流大爽。

在社会主义国家，国家和人民的利益，企业、员工和股东的利益，都该是和谐的、至高无上的。想国家所想，急企业所急，这是每一个公民、员工的高标准道德，也是每一个参与股市的投资者的起码素质。国富民强，曾是祖辈的梦，却正在成为我辈的美好现实。

我最新的梦，是梦见我的祖辈，接踵而来，纷纷投胎，重新做人。他们嚷嚷着要过比我辈更年轻、更爽的幸福生活。

每当我看到电视里、现实中，那些五湖四海的婴儿们，那温馨、天真的嫩脸，我不禁浮想联翩：你们是我的爷爷、奶奶、外公、外婆、爸爸、妈妈、舅舅、伯伯、叔叔……投的胎吗？

用不着再过60年，你们会比我们现在更爽、爽、爽一百倍……

童牧野股市2010/1/29收盘鬼脸

童牧野语录：

上证指数的童话：大前年2007/10/16牛市上摸并止步于6124点。前年2008/10/28熊市下探并止步于1664点。去年2009/8/4鸭市（以超大规模贷款刺激、以泡沫救泡沫方式赶鸭上架市）上摸并止步于3478点。今年2010/1/11曾反抽上摸3306点暂时疑似全年最高（2010/1/11的疑似而已，暂不构成固定成见），2010/1/28蚯蚓市下钻2963点新年新低还要再接再厉下钻多深（疑似会深得出乎绝大多数股痴的预料）？抱不抱成见都看鬼脸。万一2010年上摸3478点以上（极小概率事件），则上述句型应当及时予以市场之鬼变了它也变的修正（如变成西门庆服春药鞠躬尽瘁后就软市）。2010/1/9初步感觉是要提防大概率事件：上影、下影都不太长但实体较长的近乎光头（或板寸头）光脚（或脚下有粘连短丝）的年长阴线。根据今后客观演变，再考虑是否有必要公布二步、三步……第N步的感觉。

此乃纯客观数据的唯一性标准答案，供铜丝族自算后对照。此处因敌、友、我三方都能看到，故尽量少表越来越低调沉稳的博主，那灵活机动的多空立场、绚丽灿烂的情感色彩。厉鬼刁德三毒咒：此类鬼脸的脸谱，通读童著而深知猫腻法宝、军规法宝远远大于脸谱法宝的铜丝族看了心领神会，对童著深怀敌意的敌军看了不仅抓瞎而且抓狂，Pia Pia来回挨市场耳光）。

沪深300指数鬼脸2009/9/18星期五3320红二3293绿一3199。价能MACD金拢红缩。

上证指数鬼脸2009/9/18星期五3060红二3026绿一2962。价能MACD金拢红缩。

沪深300指数鬼脸2009/9/21星期一3199绿二3208。价能MACD金拢红缩。

上证指数鬼脸2009/9/21星期一2962绿二2967。价能MACD金拢红缩。

沪深300指数鬼脸2009/9/22星期二3199绿三3131。价能MACD金拢红缩。

上证指数鬼脸2009/9/22星期二2962绿三2897。价能MACD金拢红缩。

沪深300指数鬼脸2009/9/23星期三3131绿四3060。价能MACD金拢红缩。

上证指数鬼脸2009/9/23星期三2897绿四2842。价能MACD金拢红缩。

沪深300指数鬼脸2009/9/24星期四3060绿五3080。价能MACD死叉绿须。

上证指数鬼脸2009/9/24星期四2842绿五2853。价能MACD死叉绿须。

沪深300指数鬼脸2009/9/25星期五3060绿六3058。价能MACD死放绿伸。

上证指数鬼脸2009/9/25星期五2842绿六2838。价能MACD死放绿伸。

沪深300指数鬼脸2009/9/28星期一3058绿七2972。价能MACD死放绿伸。

上证指数鬼脸2009/9/28星期一2838绿七2763。价能MACD死放绿伸。

沪深300指数鬼脸2009/9/29星期二2972绿八2972。价能MACD死放绿伸。

上证指数鬼脸2009/9/29星期二2763绿八2754。价能MACD死放绿伸。

沪深300指数鬼脸2009/9/30星期三2972绿九2972红一

3004。价能MACD死拢绿缩。

上证指数鬼脸2009/9/30星期三2754绿九2763红一2779。价能MACD死拢绿缩。

沪深300指数鬼脸2009/10/9星期五3004红二3163。价能MACD死拢绿缩。

上证指数鬼脸2009/10/9星期五2779红二2911。价能MACD死拢绿缩。

沪深300指数鬼脸2009/10/12星期一3163红三3151。价能MACD金叉红须。

上证指数鬼脸2009/10/12星期一2911红三2894。价能MACD金叉红须。

沪深300指数鬼脸2009/10/13星期二3163红四3198。价能MACD金放红伸。

上证指数鬼脸2009/10/13星期二2911红四2936。价能MACD金放红伸。

沪深300指数鬼脸2009/10/14星期三3198红五3227。价能MACD金放红伸。

上证指数鬼脸2009/10/14星期三2936红五2970。价能MACD金放红伸。

沪深300指数鬼脸2009/10/15星期四3227红六3239。价能MACD金放红伸。

上证指数鬼脸2009/10/15星期四2970红六2979。价能MACD金放红伸。

沪深300指数鬼脸2009/10/16星期五3239红七3241。价能MACD金放红伸。

上证指数鬼脸2009/10/16星期五2979红七2976。价能MACD金放红伸。

沪深300指数鬼脸2009/10/19星期一3241红八3329。价能MACD金放红伸。

上证指数鬼脸2009/10/19星期一2979红八3038。价能MACD金放红伸。

沪深300指数鬼脸2009/10/20星期二3329红九3377。价能MACD金放红伸。

上证指数鬼脸2009/10/20星期二3038红九3084。价能MACD金放红伸。

沪深300指数鬼脸2009/10/21星期三3377红十3369。价能MACD金放红伸。

上证指数鬼脸2009/10/21星期三3084红十3070。价能MACD金放红伸。

沪深300指数鬼脸2009/10/22星期四3377红十一3369绿一3347。价能MACD金拢红缩。

上证指数鬼脸2009/10/22星期四3084红十一3070绿一3051。价能MACD金拢红缩。

沪深300指数鬼脸2009/10/23星期五3347绿二3369红一3413。价能MACD金放红伸。

上证指数鬼脸2009/10/23星期五3051绿二3070红一3107。价能MACD金放红伸。

沪深300指数鬼脸2009/10/26星期一3413红二3414。价能MACD金拢红缩。

上证指数鬼脸2009/10/26星期一3107红二3109。价能MACD金拢红缩。

沪深300指数鬼脸2009/10/27星期二3414红三3413绿一3314。价能MACD金拢红缩。

上证指数鬼脸2009/10/27星期二3109红三3107绿一3021。价能MACD金拢红缩。

沪深300指数鬼脸2009/10/28星期三3314绿二3329。价能MACD金拢红缩。

上证指数鬼脸2009/10/28星期三3021绿二3031。价能MACD金拢红缩。

沪深300指数鬼脸2009/10/29星期四3314绿三3247。价能MACD金拢红缩。

上证指数鬼脸2009/10/29星期四3021绿三2960。价能MACD金拢红缩。

沪深300指数鬼脸2009/10/30星期五3247绿四3280。价能MACD金拢红缩。

上证指数鬼脸2009/10/30星期五2960绿四2995。价能

MACD金拢红缩。

沪深300指数鬼脸2009／11／2星期一3247绿五3280红一3392。价能MACD金放红伸。

上证指数鬼脸2009／11／2星期一2960绿五2995红一3076。价能MACD金放红伸。

沪深300指数鬼脸2009／11／3星期二3392红二3435。价能MACD金放红伸。

上证指数鬼脸2009／11／3星期二3076红二3114。价能MACD金放红伸。

沪深300指数鬼脸2009／11／4星期三3435红三3453。价能MACD金放红伸。

上证指数鬼脸2009／11／4星期三3114红三3128。价能MACD金放红伸。

沪深300指数鬼脸2009／11／5星期四3453红四3464。价能MACD金放红伸。

上证指数鬼脸2009／11／5星期四3128红四3155。价能MACD金放红伸。

沪深300指数鬼脸2009／11／6星期五3464红五3483。价能MACD金放红伸。

上证指数鬼脸2009／11／6星期五3155红五3164。价能MACD金放红伸。

沪深300指数鬼脸2009／11／9星期一3483红六3495。价能MACD金放红伸。

上证指数鬼脸2009／11／9星期一3164红六3175。价能MACD金放红伸。

沪深300指数鬼脸2009／11／10星期二3495红七3503。价能MACD金拢红缩。

上证指数鬼脸2009／11／10星期二3175红七3178。价能MACD金拢红缩。

沪深300指数鬼脸2009／11／11星期三3503红八3495。价能MACD金拢红缩。

上证指数鬼脸2009／11／11星期三3178红八3175。价能MACD金拢红缩。

沪深300指数鬼脸2009/11/12星期四3503红九3499。价能MACD金拢红缩。

上证指数鬼脸2009/11/12星期四3178红九3175绿一3172。价能MACD金拢红缩。

沪深300指数鬼脸2009/11/13星期五3503红十3518。价能MACD金拢红缩。

上证指数鬼脸2009/11/13星期五3172绿二3175红一3187。价能MACD金拢红缩。

沪深300指数鬼脸2009/11/16星期一3518红十一3625。价能MACD金放红伸。

上证指数鬼脸2009/11/16星期一3187红二3275。价能MACD金放红伸。

沪深300指数鬼脸2009/11/17星期二3625红十二3628。价能MACD金放红伸。

上证指数鬼脸2009/11/17星期二3275红三3282。价能MACD金放红伸。

沪深300指数鬼脸2009/11/18星期三3628红十三3630。价能MACD金拢红缩。

上证指数鬼脸2009/11/18星期三3282红四3303。价能MACD金放红伸。

沪深300指数鬼脸2009/11/19星期四3630红十四3642。价能MACD金拢红缩。

上证指数鬼脸2009/11/19星期四3303红五3320。价能MACD金放红伸。

沪深300指数鬼脸2009/11/20星期五3542红十五3631。价能MACD金拢红缩。

上证指数鬼脸2009/11/20星期五3320红六3308。价能MACD金拢红缩。

沪深300指数鬼脸2009/11/23星期一3642红十六3665。价能MACD金拢红缩。

上证指数鬼脸2009/11/23星期一3320红七3338。价能MACD金拢红缩。

沪深300指数鬼脸2009/11/24星期二3665红十七3642绿一

3548。价能MACD金拢红缩。

上证指数鬼脸2009/11/24星期二3338红八3320绿一3223。价能MACD金拢红缩。

沪深300指数鬼脸2009/11/25星期三3548绿二3629。价能MACD死叉绿须。

上证指数鬼脸2009/11/25星期三3223绿二3290。价能MACD金拢红缩。

沪深300指数鬼脸2009/11/26星期四3548绿三3485。价能MACD死放绿伸。

上证指数鬼脸2009/11/26星期四3223绿三3170。价能MACD死叉绿须。

沪深300指数鬼脸2009/11/27星期五3485绿四3382。价能MACD死放绿伸。

上证指数鬼脸2009/11/27星期五3170绿四3096。价能MACD死放绿伸。

沪深300指数鬼脸2009/11/30星期一3382绿五3485红一3511。价能MACD死拢绿缩。

上证指数鬼脸2009/11/30星期一3096绿五3170红一3195。价能MACD死放绿伸。

沪深300指数鬼脸2009/12/1星期二3511红二3560。价能MACD死拢绿缩。

上证指数鬼脸2009/12/1星期二3195红二3235。价能MACD死拢绿缩。

沪深300指数鬼脸2009/12/2星期三3560红三3597。价能MACD死拢绿缩。

上证指数鬼脸2009/12/2星期三3235红三3269。价能MACD死拢绿缩。

沪深300指数鬼脸2009/12/3星期四3569红四3590。价能MACD死拢绿缩。

上证指数鬼脸2009/12/3星期四3269红四3264。价能MACD死拢绿缩。

沪深300指数鬼脸2009/12/4星期五3590红五3643。价能MACD死拢绿缩。

上证指数鬼脸2009/12/4星期五3269红五3317。价能MACD死拢绿缩。

沪深300指数鬼脸2009/12/7星期一3643红六3668。价能MACD死拢绿缩。

上证指数鬼脸2009/12/7星期一3317红六3331。价能MACD死拢绿缩。

沪深300指数鬼脸2009/12/8星期二3668红七3643绿一3624。价能MACD死放绿伸。

上证指数鬼脸2009/12/8星期二3331红七3317绿一3296。价能MACD死放绿伸。

沪深300指数鬼脸2009/12/9星期三3624绿二3554。价能MACD死放绿伸。

上证指数鬼脸2009/12/9星期三3296绿二3239。价能MACD死放绿伸。

沪深300指数鬼脸2009/12/10星期四3554绿三3577。价能MACD死放绿伸。

上证指数鬼脸2009/12/10星期四3239绿三3254。价能MACD死放绿伸。

沪深300指数鬼脸2009/12/11星期五3554绿四3575。价能MACD死放绿伸。

上证指数鬼脸2009/12/11星期五3239绿四3247。价能MACD死放绿伸。

沪深300指数鬼脸2009/12/14星期一3554绿五3575红一3612。价能MACD死拢绿缩。

上证指数鬼脸2009/12/14星期一3239绿五3247红一3302。价能MACD死拢绿缩。

沪深300指数鬼脸2009/12/15星期二3612红二3583。价能MACD死放绿伸。

上证指数鬼脸2009/12/15星期二3302红二3274。价能MACD死放绿伸。

沪深300指数鬼脸2009/12/16星期三3612红三3583绿一3560。价能MACD死放绿伸。

上证指数鬼脸2009/12/16星期三3302红三3274绿一3255。

价能MACD死放绿伸。

沪深300指数鬼脸2009/12/17星期四3560绿二3480。价能MACD死放绿伸。

上证指数鬼脸2009/12/17星期四3255绿二3179。价能MACD死放绿伸。

沪深300指数鬼脸2009/12/18星期五3480绿三3391。价能MACD死放绿伸。

上证指数鬼脸2009/12/18星期五3179绿三3113。价能MACD死放绿伸。

沪深300指数鬼脸2009/12/21星期一3391绿四3396。价能MACD死放绿伸。

上证指数鬼脸2009/12/21星期一3113绿四3122。价能MACD死放绿伸。

沪深300指数鬼脸2009/12/22星期二3391绿五3305。价能MACD死放绿伸。

上证指数鬼脸2009/12/22星期二3113绿五3050。价能MACD死放绿伸。

沪深300指数鬼脸2009/12/23星期三3305绿六3336。价能MACD死放绿伸。

上证指数鬼脸2009/12/23星期三3050绿六3073。价能MACD死放绿伸。

沪深300指数鬼脸2009/12/24星期四3305绿七3336红一3438。价能MACD死拢绿缩。

上证指数鬼脸2009/12/24星期四3050绿七3073红一3153。价能MACD死拢绿缩。

沪深300指数鬼脸2009/12/25星期五3438红二3424。价能MACD死拢绿缩。

上证指数鬼脸2009/12/25星期五3153红二3141。价能MACD死拢绿缩。

沪深300指数鬼脸2009/12/28星期一3438红三3478。价能MACD死拢绿缩。

上证指数鬼脸2009/12/28星期一3153红三3188。价能MACD死拢绿缩。

沪深300指数鬼脸2009／12／29星期二3478红四3500。价能MACD死拢绿缩。

上证指数鬼脸2009／12／29星期二3188红四3211。价能MACD死拢绿缩。

沪深300指数鬼脸2009／12／30星期三3500红五3558。价能MACD金叉红须。

上证指数鬼脸2009／12／30星期三3211红五3262。价能MACD金叉红须。

沪深300指数鬼脸2009／12／31星期四3558红六3575。价能MACD金放红伸。

上证指数鬼脸2009／12／31星期四3262红六3277。价能MACD金放红伸。

沪深300指数鬼脸2010／1／4星期一3578红七3558绿一3535。价能MACD金放红伸。

上证指数鬼脸2010／1／4星期一3277红七3262绿一3243。价能MACD金放红伸。

沪深300指数鬼脸2010／1／5星期二3535绿二3558红一3564。价能MACD金放红伸。

上证指数鬼脸2010／1／5星期二3243绿二3262红一3282。价能MACD金放红伸。

沪深300指数鬼脸2010／1／6星期三3564红二3558绿一3541。价能MACD金拢红缩。

上证指数鬼脸2010／1／6星期三3282红二3262绿一3254。价能MACD金拢红缩。

沪深300指数鬼脸2010／1／7星期四3541绿二3471。价能MACD金拢红缩。

上证指数鬼脸2010／1／7星期四3254绿二3192。价能MACD金拢红缩。

沪深300指数鬼脸2010／1／8星期五3471绿三3480。价能MACD金拢红缩。

上证指数鬼脸2010／1／8星期五3192绿三3196。价能MACD金拢红缩。

沪深300指数鬼脸2010／1／11星期一3471绿四3480红一

3482。价能MACD金拢红缩。

上证指数鬼脸2010/1/11星期一3192绿四三3196红一3212。价能MACD金拢红缩。

沪深300指数鬼脸2010/1/12星期二3482红二3534。价能MACD金放红伸。

上证指数鬼脸2010/1/12星期二3212红二3273。价能MACD金放红伸。

沪深300指数鬼脸2010/1/13星期三3534红三3482绿一3421。价能MACD死叉绿须。

上证指数鬼脸2010/1/13星期三3273红三3212绿一3172。价能MACD死叉绿须。

沪深300指数鬼脸2010/1/14星期四3421绿二3469。价能MACD死放绿伸。

上证指数鬼脸2010/1/14星期四3172绿二3212红一3215。价能MACD死放绿伸。

沪深300指数鬼脸2010/1/15星期五3421绿三3469红一3482。价能MACD死拢绿缩。

上证指数鬼脸2010/1/15星期五3215红二3224。价能MACD死拢绿缩。

沪深300指数鬼脸2010/1/18星期一3482红二3500。价能MACD死拢绿缩。

上证指数鬼脸2010/1/18星期一3224红三3237。价能MACD金叉红须。

沪深300指数鬼脸2010/1/19星期二3500红三3507。价能MACD金叉红须。

上证指数鬼脸2010/1/19星期二3237红四3246。价能MACD金放红伸。

沪深300指数鬼脸2010/1/20星期三3507红四3500绿一3394。价能MACD死叉绿须。

上证指数鬼脸2010/1/20星期三3246红五3237绿一3151。价能MACD死叉绿须。

沪深300指数鬼脸2010/1/21星期四3394绿二3408。价能MACD死放绿伸。

上证指数鬼脸2010/1/21星期四3151绿二3158。价能MACD死放绿伸。

沪深300指数鬼脸2010/1/22星期五3394绿三3366。价能MACD死放绿伸。

上证指数鬼脸2010/1/22星期五3151绿三3128。价能MACD死放绿伸。

沪深300指数鬼脸2010/1/25星期一3366绿四3328。价能MACD死放绿伸。

上证指数鬼脸2010/1/25星期一3128绿四3094。价能MACD死放绿伸。

沪深300指数鬼脸2010/1/26星期二3328绿五3242。价能MACD死放绿伸。

上证指数鬼脸2010/1/26星期二3094绿五3019。价能MACD死放绿伸。

沪深300指数鬼脸2010/1/27星期三3242绿六3198。价能MACD死放绿伸。

上证指数鬼脸2010/1/27星期三3019绿六2986。价能MACD死放绿伸。

沪深300指数鬼脸2010/1/28星期四3198绿七3206。价能MACD死放绿伸。

上证指数鬼脸2010/1/28星期四2986绿七2994。价能MACD死放绿伸。

沪深300指数鬼脸2010/1/29星期五3198绿八3204。价能MACD死拢绿缩。

上证指数鬼脸2010/1/29星期五2986绿八2989。价能MACD死拢绿缩。

沪深300指数的童话：

大前年2007/10/17牛市上摸并止步于5891点。

前年2008/11/4熊市下探并止步于1606点。

去年2009/8/4鸭市（以超大规模贷款刺激、以泡沫救泡沫方式赶鸭上架市）上摸并止步于3803点。

今年2010/1/4曾反抽上摸3597点暂时疑似全年最高（2010/1/11的疑似而已，暂不构成固定成见），2010/1/28蚯蚓市下钻3168点新年新低还要再接再厉下钻多深（疑似会深得出乎绝大多数股痴的预料）？

抱不抱成见都看鬼脸。万一2010年上摸3803点以上（极小概率事件），则上述句型应当及时予以市场之鬼变了它也变的修正（如变成西门庆服春药鞠躬尽瘁后就软市）。

2010/1/9初步感觉是要提防大概率事件：上影、下影都不太长但实体较长的近乎光头（或板寸头）光脚（或脚下有粘连短丝）的年长阴线。

根据今后客观演变，再考虑是否有必要公布二步、三步……第N步的感觉。

上证指数的童话：

大前年2007/10/16牛市上摸并止步于6124点。

前年2008/10/28熊市下探并止步于1664点。

去年2009/8/4鸭市（以超大规模贷款刺激、以泡沫救泡沫方式赶鸭上架市）上摸并止步于3478点。

今年2010/1/11曾反抽上摸3306点暂时疑似全年最高（2010/1/11的疑似而已，暂不构成固定成见），2010/1/28蚯蚓市下钻2963点新年新低还要再接再厉下钻多深（疑似会深得出乎绝大多数股痴的预料）？

抱不抱成见都看鬼脸。万一2010年上摸3478点以上（极小概率事件），则上述句型应当及时予以市场之鬼变了它也变的修正（如变成西门庆服春药鞠躬尽瘁后就软市）。

2010/1/9初步感觉是要提防大概率事件：上影、下影都不太长但实体较长的近乎光头（或板寸头）光脚（或脚下有粘连短丝）的年长阴线。

根据今后客观演变，再考虑是否有必要公布二步、三步……第N步的感觉。

童牧野2009/8/23注（2010/1/29更新）：

据童牧野博客http://blog.sina.com.cn/tongmuye（荣获新浪中国博客大赛文学金奖，访问量已超865万人次）的IP猫眼的随机抽样记录，浏览童牧野博客的中国大陆境内网友，已遍布中国大陆几乎所有省市（极少数互联网不通的极贫困地区除外）。

浏览童牧野博客的中国大陆境外（注意这个"境外"而非"国

外"的用词,如中国香港、中国台湾,一向被官方视为中国之国内、中国大陆之境外)网友,其IP主要来自以下64个区域(挂一漏万,猫眼每天只抽样记录来访者中的前500位。IP显示区域的大小并不等级,大至洲,中至国,小至州、行政区、城市、大学、公司,以下排名不分大小、先后,按汉语拼音顺序):

A2:阿尔及利亚。澳大利亚。

B2:巴基斯坦。比利时。

D3:丹麦。德国。德国西门子公司。

E1:俄罗斯。

F3:法国。斐济。菲律宾。

H2:韩国。荷兰。

J2:加拿大。加拿大蒙特利尔市。

M22:马来西亚电信。美国。美国Absecon(Linode)Skycf。美国ATT用户。美国北卡罗莱纳州卡里镇Dynamic Internet Technology公司。美国Cox通信公司西南部用户。美国丹佛。美国东北部七州电讯网。美国Fullnet Communications Of Oklahoma。美国华盛顿州贝尔威Name Intelligence公司。美国加利福尼亚州山景市谷歌公司。美国加州。美国里斯敦市。美国联合航空通信网络。美国密歇根州。美国纽约州。美国Rutgers University。美国SBC DSL用户。美国The Planet。美国University Of Maryland。美国新泽西州月桂山镇Comcast有线通信公司。美国伊利诺斯州芝加哥市。

N3:南非。尼日利亚。挪威。

O1:欧洲。

R3:日本。瑞典。瑞士。

T7:台湾省成功大学。台湾省师范大学。台湾省数位联合电信。台湾省台北市。台湾省台北市台湾宽频通讯。台湾省台北市中华电信数据通信分公司。台湾省中华电信。

X8:香港电讯盈科。香港和记环球电信。香港宽频HKBN。香港上海汇丰银行有限公司。香港特别行政区。新加坡。新加坡电信Singnet。新加坡星和宽带。

Y5:印度新德里。英国。英国伦敦大学。英国伦敦大学皇家医学院皇家法医实验鉴定中心。越南。

童牧野2009/7/25说明：为了进一步深入地对文学、藏书、楼市等领域，花更多时间拜读名著、采购宝书、实地看房（以便对未来几十年的地皮、房产的真实供求关系，涨跌起伏变化，积累更丰富的直接经验），暂时中止（或终止）对指数期货、港美股市的每天记录，改为偶尔"沉默是金"式的观察。

本帅并不长线看多手提电脑的价（越是价廉物美的，越在后面），但还是经常关心各种品牌、各种型号的手提电脑的价格变化，每隔一段时间就采购更新型的手提电脑，旧手提电脑也全都保留，备份之用。

房产在本帅眼中，永远不是投资工具（而是大笔消耗物业管理费的消耗品，还会逐年折旧），是比手提电脑更耐用、更豪华的耐用消费品。希望每次都买得比较称心、满意、合算。旧房也全都保留，藏书之用。

但名人自己珍藏过并且签过名的所有自己著及他人著的书，却是向上估价无限的垄断型增值品、投资品。房价波动，跟签名藏书的增值相比，尽管可以忽略不计，但每次买房买在合适的价位，消费心情更佳。

罗斯丁2009/07/27 16：53：13在童牧野博客跟贴评论："用手提电脑比喻房产，真是恰如其分！电脑是买来用的，不是投资用的；房产是买来住的，也不是投资用的！都是消费品，都会折旧的啊！严重同意元帅关于房产的看法！"

童牧野2009/5/6说明：

沪深300指数现货模拟右开弓军空头怕死队（只做空而放过一切做多机会，而且持币不持空仓是常态，现金为王，看准猛扑开空，获利清仓干脆，不拖泥带水），从2007/9/6至2009/4/30累计赢19457点（同期沪深300指数从5412点折腾至2622点）。

沪深300指数现货模拟左开弓军多头怕死队（只做多而放过一切做空机会，而且持币不持多仓是常态，现金为王，偶尔出击开多，获利清仓干脆，不拖泥带水），同期累计赢4480点。

双向队合计赢23937点。

从2009/5起，双向队的动向奉财神令而不再在本博公布（跟国家意志、机构意愿无关，跟童牧野上升到更加窈笑、更加舒畅的神仙般愉悦的生活状态有关）。

铜丝族天兵天将Email来函问及（问者需自报模拟或实战的情况，若极有主见，绝大多数时间，持币不盯盘，不太关心股市，一般情况下不太来问，则更好），本博会Email回复双向队最新动向（作为对照，以此潜移默化、有效提高将士独当一面的自主能力），但不再计算赢利点数。

犹如本博早年集邮、后来集书，集得浩瀚了，就不再统计集了多少个国家、多少枚、多少册、多少个语种，无暇数了。

K上尉2009/05/06 08:13:15在童牧野博客跟贴评论："今天看到说明，不再在博客公布多空动向，犹如武林高手从台前转到幕后，元帅已经不需要向市场证明什么，不需要作秀，不需要吸引什么眼球。我也不太相信这世界上还会有第二个人能把股指期货做得如此完美，如此诡秘。希望今后能将这一年多模拟的精彩部分结集出版。"

新浪网友2009/05/06 09:44:45在童牧野博客跟贴评论："人鬼神组合跨越时空，穿越阴阳，有什么人间（现实社会），神间（天堂），鬼间（地狱）奇迹不能创造？叹为观止。"

新浪网友2009/05/06 09:40:52在童牧野博客跟贴评论："金三角的人（元帅），鬼（阿锤，刁德三），神（财神）组合创造了600天盈利24000点的奇迹。"

yanran_nc 2009/05/06 09:35:47在童牧野博客跟贴评论："博主已然是渡有缘者无数了。"

新浪网友2009/05/06 09:29:16在童牧野博客跟贴评论："从2007/9/6至2009/4/30共602天，双向队合计赢23937点。日均赢39.8点。神极罕至。"

孙忠仁2009/05/06 17:15:05在童牧野博客跟贴评论："大帅全家好，敬礼。'从2009/5起，双向队的动向奉财神令而不再在本博公布。铜丝族天兵天将Email来函问及，本博会Email回复双向队最新动向，但不再计算赢利点数。'强烈支持大帅的做法。让敌军'迷途的魂在愁苦的城里承受永远的疼'去吧。阿门。"

陈祥华2009/05/06 20:38:13在童牧野博客跟贴评论："铜丝族天兵天将已在元帅的多空二队在沪深300指数现货模拟实战中，深刻体会了鬼变脸理论在实战中的具体运用，一个个经验教训，一次次经典的胜利，我们永远铭记，铜丝族天兵天将已成长起来，将纷纷成为股精、人精。感谢财神爷爷，感谢元帅，感谢阿锤、刁德三。"

新浪网友2009/05/13 08:37:57在童牧野博客跟贴评论："鬼变脸主义猫腻法宝、军规法宝博大精深，学会了脸谱法宝只是点皮毛啊。"

留言仍然开放

童牧野2009/10/1说明：本博的跟贴中，不仅我军、友军热情跟贴，而且敌军荐股跟贴也相当踊跃。为了一劳永逸地节约值班将领反复删除敌军荐股跟帖的时间，本博接受众将士的提议：干脆时不时地或者阶段性地关闭跟贴功能（博客的留言、纸条等功能仍然开放，欢迎使用并欢迎点击"加关注"）。反正将士有关现实、文学、股市等等的感触、汇报、请示，都已顺畅通过Email传送到童牧野的电子信箱（tongmuye@gmail.com，tongmuye@163.com，tongmuye@yeah.net，tongmuye@126.com，tongmuye@sina.com）。

· **附录一：**
- Appendix one -

鬼变脸的脸谱法宝在实战和模拟中的具体运用

代码：126018。名称：08江铜债。

目前交易制度，允许买进开多、卖出平多，不可卖出开空、买进平空。所以，下述开空、平空，属于模拟操作。如此练好之后，一旦交易制度放开，即便熊市，也可赚得更多。

2008/10/10五开盘75红一76.06。2008/10/13一76.06红二75.56。2008/10/14二76.06红三76.07。2008/10/15三76.07红四76.19。2008/10/16四76.19红五76.35。

开空2008/10/17五76.35红六76.19绿一75.79。2008/10/20一75.79绿二74.34。2008/10/21二74.34绿三74.65。2008/10/22三74.34绿四74.47。2008/10/23四74.34绿五69.33。2008/10/24五69.33绿六69.16。2008/10/27一69.16绿七66.7。2008/10/28二66.7绿八65.18。2008/10/29三65.18绿九66。

平空2008/10/30四65.18绿十66红一66.37。

2008/10/31五66.37红二66绿一65.98。2008/11/3一65.98绿二64.8。2008/11/4二64.8绿三65.29。

开多2008/11/5三64.8绿四65.29红一66.25。2008/11/6四66.25红二67.53。2008/11/7五67.53红三67.43。2008/11/10一67.53红四68。2008/11/11二68红五68.16。2008/11/12三68.16红六69.27。2008/11/13四69.27红七68.9。**2008/11/14**五69.27红八69。

平多2008/11/17一69.27红九69绿一67.89。2008/11/18二67.89绿二67.97。

2008/11/19三67.89绿三67.97红一67.99。

2008/11/20四67.99红二67.97绿一67.91。

2008/11/21五67.91绿二67.97红一68.79。2008/11/24一68.79红二68.17。

2008/11/25二68.79红三68.17绿一67.92。2008/11/26三67.92绿二

68.08金拢红缩。

2008/11/27四67.92绿三68.08红一68.79金放红伸。2008/11/28五68.79红二69.14金放红伸。2008/12/1一69.14红三68.97金拢红缩。

2008/12/2二69.14红四68.97绿一68.78金拢红缩。2008/12/3三68.78绿二68.63金拢红缩。2008/12/4四68.63绿三68.77金拢红缩。

开多2008/12/5五68.63绿四68.77红一69.24金放红伸。2008/12/8一69.24红二69.64金放伸。2008/12/9二69.64红三70金放红伸。2008/12/10三70红四70.08金放红伸。2008/12/11四70.08红五71.01金放红伸。2008/12/12五71.01红六71.46金放红伸。2008/12/15一71.46红七71.76金放红伸。2008/12/16二71.76红八71.83金拢红缩。2008/12/17三71.83红九72.9金放红伸。2008/12/18四72.9红十73金放红伸。2008/12/19五73红十一73.29金拢红缩。

平多2008/12/22一73.29红十二73绿一72.55金拢红缩。2008/12/23二72.55绿二72.55金拢红缩。

2008/12/24三72.55绿三72.55红一72.87金拢红缩。

2008/12/25四72.87红二72.55绿一72.5金拢红缩。2008/12/26五72.5绿二72.5金拢红缩。

开多2008/12/29一72.5绿三72.5红一72.62金拢红缩。2008/12/30二72.62红二72.61金拢红缩。2008/12/31三72.62红三72.63金拢红缩。2009/1/5一72.63红四72.9死叉绿须。2009/1/6二72.9红五73.12死拢绿缩。2009/1/7三73.12红六73.51金叉红须。2009/1/8四73.51红七74.24金放红伸。2009/1/9五74.24红八74.44金放红伸。

平多开空2009/1/12一74.44红九74.24绿一74.13金拢红缩。2009/1/13二74.13绿二73.75金拢红缩。2009/1/14三73.75绿三72.9死叉绿须。2009/1/15四72.9绿四72.54死放绿伸。2009/1/16五72.54绿五72.64死放绿伸。2009/1/19一72.54绿五72.36死放绿伸。2009/1/20二72.36绿六72.37死放绿伸。2009/1/21三72.36绿七71.98死放绿伸。2009/1/22四71.98绿八72.1死放绿伸。

平空2009/1/23五71.98绿九72.1红一72.48死拢绿缩。2009/2/2一72.48红二72.17死拢绿缩。

2009/2/3二72.48红三72.17绿一71.98死拢绿缩。2009/2/4三71.98绿二70.98死放绿伸。2009/2/5四70.98绿三71.03死放绿伸。

2009/2/6五70.98绿四71死拢绿缩。

开多2009／2／9一70.98绿五71红一71.32死拢绿缩。2009/2/10二71.32红二71.36死拢绿缩。2009/2/11三71.36红三72.08死拢绿缩。2009/2/12四72.08红四72.46死拢绿缩。2009/2/13五72.46红五72.39死拢绿缩。2009/2/16一72.46红六72.48金叉红须。2009/2/17二72.48红七72.78金放红伸。2009/2/18三72.78红八72.67金放红伸。2009/2/19四72.78红九73.01金放红伸。2009/2/20五73.01红十73.49金放红伸。2009/2/23一73.49红十一73.41金放红伸。2009/2/24二73.49红十二73.99金放红伸。2009/2/25三73.99红十三73.98金放红伸。

平多2009／2／26四73.99红十四73.98绿一73.91金拢红缩。2009/2/27五73.91绿二73.03金拢红缩。2009/3/2一73.03绿二73.07金拢红缩。

开多2009／3／3二73.03绿三73.07红一73.3金拢红缩。2009/3/4三73.3红二73.14金拢红缩。2009/3/5四73.3红三73.29金拢红缩。2009/3/6五73.3红四73.4死叉绿须。2009/3/9一73.4红五73.58金叉红须。2009/3/10二73.58红六73.53死叉绿须。2009/3/11三73.58红七73.53死放绿伸。2009/3/12四73.58红八73.74金叉红须。2009/3/13五73.74红九73.93金放红伸。2009/3/16一73.93红十74金放红伸。

平多开空2009／3／17二74红十一73.93绿一73.72金拢红缩。2009/3/18三73.72绿二73.61死叉绿须。2009/3/19四73.61绿三73.64死放绿伸。2009/3/20五73.61绿四73.57死放绿伸。2009/3/23一73.57绿五73.20死放绿伸。2009/3/24二73.20绿六73.02死放绿伸。2009/3/25三73.02绿七73.1死放绿伸。2009/3/26四73.02绿八72.87死放绿伸。2009/3/27五72.87绿九72.59死放绿伸。2009/3/30一72.59绿十72.65死放绿伸。

平空2009／3／31二72.59绿十一72.65红一72.74死拢绿缩。2009/4/1三72.74红二73.06死拢绿缩。2009/4/2四73.06红三73.09死拢绿缩。

开空2009／4／3五73.09红四73.06绿一73死拢绿缩。2009/4/7二73绿二72.84死放绿伸。2009/4/8三72.84绿三72.69死放绿伸。2009/4/9四72.69绿四72.24死放绿伸。2009/4/10五72.24绿五71.99

死放绿伸。2009/4/13一71.99绿六72.04死放绿伸。

平空2009/4/14二71.99绿七72.04红一72.22死拢绿缩。2009/4/15三72.22红二72.34死拢绿缩。2009/4/16四72.34红三72.4死拢绿缩。2009/4/17五72.4红四眯眼72.41死拢绿缩。

2009/4/20一72.41红五72.4绿一72.24死拢绿缩。2009/4/21二72.24绿二72.36死拢绿缩。

开多2009/4/22三72.24绿三72.36红一72.51金叉红须。2009/4/23四72.51红二72.59金叉红须。2009/4/24五72.59红三72.69金放红伸。2009/4/27一72.69红四73金放红伸。2009/4/28二73红五72.91金放红伸。2009/4/29三73红六72.99金放红伸。2009/4/30四73红七73.01金放红伸。

平多2009/5/4一73.01红八73绿一72.71金拢红缩。2009/5/5二72.71绿二72.7金拢红缩。2009/5/6三72.7绿三72.59金拢红缩。2009/5/7四72.59绿四72.56金拢红缩。

开多2009/5/8五72.56绿五72.59红一72.68金拢红缩。2009/5/11一72.68红二72.98金放红伸。2009/5/12二72.98红三73.13金放红伸。2009/5/13三73.13红四73.08金放红伸。2009/5/14四73.13红五73.37金放红伸。2009/5/15五73.37红六73.57金放红伸。2009/5/18一73.57红七73.7金放红伸。2009/5/19二73.7红八73.93金放红伸。2009/5/20三73.93红九74.27金放红伸。2009/5/21四74.27红十74.1金拢红缩。

平多开空2009/5/22五74.27红十一74.1绿一73.88金拢红缩。2009/5/25一73.88绿二73.55金拢红缩。2009/5/26二73.55绿三73.72金拢红缩。2009/5/27三73.55绿四73.58金拢红缩。2009/6/1一73.55绿五73.5死叉绿须。2009/6/2二73.5绿六73.52死放绿伸。

平空2009/6/3三73.5绿七73.52红一73.53死放绿伸。2009/6/4四73.53红二73.62死放绿伸。2009/6/5五73.62红三73.6死放绿伸。

开空2009/6/8一73.62红四73.6绿一73.34死放绿伸。2009/6/9二73.34绿二73.37元死放绿伸。2009/6/10三73.34绿三73.37死放绿伸。2009/6/11四73.34绿四73.24死放绿伸。2009/6/12五73.24绿五73.1死放绿伸。2009/6/15一73.1绿六72.8死放绿伸。2009/6/16二72.8绿七72.95死拢绿缩。2009/6/17三72.8绿八72.95红一73死拢绿缩。

平空2009/6/18四73红二72.99死拢绿缩。

2009/6/19五73红三72.99绿一72.75死放绿伸。2009/6/22一72.75绿二72.66死放绿伸。2009/6/23二72.66绿三72.64死放绿伸。2009/6/24三72.64绿四72.5死放绿伸。

开多2009/6/25四72.5绿五72.64红一72.71死拢绿缩。2009/6/26五72.71红二72.65死拢绿缩。2009/6/29一72.71红三72.67死拢绿缩。2009/6/30二72.71红四72.93死拢绿缩。2009/7/1三72.93红五73.11金叉红须。2009/7/2四73.11红六73.19金放红伸。

平多开空2009/7/3五73.19红七73.11绿一73.08金放红伸。2009/7/6一73.08绿二72.82金拢红缩。2009/7/7二72.82绿三72.82金拢红缩。2009/7/8三72.82绿四72.81金拢红缩。2009/7/9四72.81绿五72.7金拢红缩。2009/7/10五72.7绿六72.64死叉绿须。2009/7/13一72.64绿七72.4死放绿伸。2009/7/14二72.4绿八72.2死放绿伸。2009/7/15三72.2绿九72死放绿伸。2009/7/16四72绿十71.99死放绿伸。2009/7/17五71.99绿十一71.8死放绿伸。2009/7/20一71.8绿十二71.55死放绿伸。2009/7/21二71.55绿十三71.74死拢绿缩。2009/7/22三71.55绿十四71.71死拢绿缩。

平空2009/7/23四71.55绿十五71.71红一71.8死拢绿缩。2009/7/24五71.8红二71.89死拢绿缩。

开空2009/7/27一71.89红三71.8绿一71.78死拢绿缩。2009/7/28二71.78绿二71.38死放绿伸。2009/7/29三71.38绿三70.96死放绿伸。2009/7/30四70.96绿四70.75死放绿伸。2009/7/31五70.75绿五70.57死放绿伸。2009/8/3一70.57绿六70.4死放绿伸。2009/8/4二70.4绿七70.35死放绿伸。

平空2009/8/5三70.35绿八70.4红一70.88死拢绿缩。2009/8/6四70.88红二71.17死拢绿缩。2009/8/7五71.17红三71.69金叉红须。2009/8/10一71.69红四71.36金放红伸。

开空2009/8/11二71.69红五71.36绿一71.23金放红伸。2009/8/12三71.23绿二71.23金放红伸。2009/8/13四71.23绿三71.02金拢红缩。2009/8/14五71.02绿四70.93金拢红缩。2009/8/17一70.93绿五70.82金拢红缩。2009/8/18二70.82绿六70.71金拢红缩。2009/8/19三70.71绿七70.55金拢红缩。

平空2009/8/20四70.55绿八70.71红一70.82金放红伸。2009/8/21

五70.82红二70.75金放红伸。2009/8/24一70.82红三71.15金放红伸。2009/8/25二71.15红四71.36金放红伸。

2009/8/26三71.36红五71.15绿一71.13金放红伸。

2009/8/27四71.13绿二71.15红一71.35金放红伸。2009/8/28五71.35红二71.24金拢红缩。

2009/8/31一71.35红三71.24绿一70.7金拢红缩。2009/9/1二70.7绿二70.71金拢红缩。2009/9/2三70.7绿三70.66金拢红缩。

2009/9/3四70.66绿四70.7红一70.84金放红伸。2009/9/4五70.84红二71.03金放红伸。2009/9/7一71.03红三71.03金放红伸。

2009/9/8二71.03红四71.03绿一70.96金拢红缩。2009/9/9三70.96绿二70.9金拢红缩。

2009/9/10四70.9绿三70.96红一70.98金放红伸。2009/9/11五70.98红二71.1金放红伸。2009/9/14一71.1红三71.26金放红伸。2009/9/15二71.26红四71.15金拢红缩。2009/9/16三71.26红五71.22金放红伸。

开空2009/9/17四71.26红六71.22绿一71.19金拢红缩。2009/9/18五71.19绿二71.15金拢红缩。2009/9/21一71.15绿二70.92金拢红缩。2009/9/22二70.92绿三70.41死叉绿须。2009/9/23三70.41绿四70.44死放绿伸。2009/9/24四70.41绿五70.3死放绿伸。2009/9/25五70.3绿六70.01死放绿伸。2009/9/28一70.01绿七70.13死放绿伸。2009/9/29二70.01绿八69.95死放绿伸。

平空2009/9/30三69.95绿九70.01红一70.16死拢绿缩。

开空2009/10/9五70.16红二70.01绿一69.96死拢绿缩。2009/10/12一69.96绿二69.65死放绿伸。2009/10/13二69.65绿三69.54死放绿伸。2009/10/14三69.54绿四69.55死拢绿缩。2009/10/15四69.54绿五69.45死拢绿缩。2009/10/16五69.45绿六69.54死拢绿缩。

平空2009/10/19一69.45绿七69.54红一69.55死拢绿缩。

2009/10/20二69.55红二69.54绿一69.3死拢绿缩。2009/10/21三69.3绿二69.24死拢绿缩。2009/10/22四69.24绿三69.22死拢绿缩。

开多2009/10/23五69.22绿四69.24红一69.32死拢绿缩。2009/10/26一69.32红二69.49死拢绿缩。2009/10/27二69.49红

三69.54金叉红须。2009/10/28三69.54红四69.76金放红伸。2009/10/29四69.76红五69.7金放红伸。2009/10/30五69.76红六69.82金放红伸。

平多开空2009/11/2一69.82红七69.76绿一69.72金放红伸。2009/11/3二69.72绿二69.58金拢红缩。2009/11/4三69.58绿三69.54金拢红缩。2009/11/5四69.54绿四69.52金拢红缩。

平空开多2009/11/6五69.52绿五69.54红一69.6金放红伸。2009/11/9一69.6红二69.55金拢红缩。2009/11/10二69.6红三69.64金放红伸。2009/11/11三69.64红四69.85金放红伸。2009/11/12四69.85红五70.1金放红伸。2009/11/13五70.1红六70.46金放红伸。2009/11/16一70.46红七70.51金放红伸。2009/11/17二70.51红八70.5金放红伸。2009/11/18三70.51红九70.61金放红伸。2009/11/19四70.61红十70.8金放红伸。2009/11/20五70.8红十一70.89金放红伸。2009/11/23一70.89红十二71.3金放红伸。2009/11/24二71.3红十三71.3金拢红缩。2009/11/25三71.3红十四71.4金拢红缩。2009/11/26四71.4红十五71.39金拢红缩。2009/11/27五71.4红十六71.5金拢红缩。2009/11/30一71.5红十七71.49金拢红缩。

平多2009/12/1二71.5红十八71.49绿一71.23金拢红缩。2009/12/2三71.23绿二71.07金拢红缩。

2009/12/3四71.07绿三71.23红一71.26金拢红缩。

开空2009/12/4五71.26红二71.23绿一71.13金拢红缩。2009/12/7一71.13绿二70.94死叉绿须。2009/12/8二70.94绿三70.84死放绿伸。2009/12/9三70.84绿四70.6死放绿伸。2009/12/10四70.6绿五70.75死放绿伸。2009/12/11五70.6绿六70.6死放绿伸。2009/12/14一70.6绿七70.5死放绿伸。2009/12/15二70.5绿八70.54死拢绿缩。2009/12/16三70.5绿九70.53死拢绿缩。

平空2009/12/17四70.5绿十70.53红一70.86死拢绿缩。2009/12/18五70.86红二70.62死拢绿缩。2009/12/21一70.86红三70.86死拢绿缩。

2009/12/22二70.86红四70.86绿一70.79死拢绿缩。2009/12/23三70.79绿二70.7死拢绿缩。2009/12/24四70.7绿三70.79死拢绿缩。2009/12/25五70.7绿四70.75死拢绿缩。

2009/12/28一70.7绿五70.75红一70.78死拢绿缩。2009/12/29二70.78红二70.82死拢绿缩。2009/12/30三70.82红三70.89死拢绿缩。2009/12/31四70.89红四70.85死拢绿缩。

2010/1/4一70.89红五70.85绿一70.81死放绿伸。2010/1/5二70.81绿二70.78死放绿伸。2010/1/6三70.78绿三70.63死放绿伸。2010/1/7四70.63绿四70.65死放绿伸。

开多2010/1/8五70.63绿五70.65红一70.88死拢绿缩。2010/1/11一70.88红二71金叉红须。2010/1/12二71红三71.42金放红伸。2010/1/13三71.42红四71.6金放红伸。2010/1/14四71.6红四71.65金放红伸。

平多2010/1/15五71.65红五71.6绿一71.58金拢红缩。2010/1/18一71.58绿二71.31金拢红缩。

开多2010/1/19二71.31绿三71.58红一71.6金放红伸。2010/1/20三71.6红二71.8金放红伸。2010/1/21四71.8红三72.2金放红伸。2010/1/22五72.2红四72.25金放红伸。2010/1/25一72.25红五72.4金放红伸。2010/1/26二72.4红六72.38金拢红缩。2010/1/27三72.4红七72.49金拢红缩。2010/1/28四72.49红八72.85金放红伸。2010/1/29五72.85红九73.1金放红伸。

此处为截稿日。次日若跌破72.85元的变色位，则止赢平仓。若上升，则变色位不断上扬，止赢位也不断上移。这样操作，无需盼涨盼跌而惴惴不安。不抱固定成见，没有心理压力。或进或出，无情下手。

鬼变脸的脸谱法宝，只解决操作中1%的问题：纪律止损（以小亏损的代价，规避大亏损）和纪律止赢（落袋为安）。平仓必须毫不犹豫、不抱任何侥幸心理。

开仓则需要鬼变脸的军规法宝（解决操作中的9%的问题）、鬼变脸的猫腻法宝（解决操作中的90%的问题）。

书中关于脸谱法宝，篇幅是有限的（1%左右），而猫腻法宝却是无限的、开放的体系。

每本书的大量篇幅，还是主攻不同的猫腻。深知各方面、多层次、常变异的各种猫腻后，鬼脸变色之际，是否开仓（开空或开多），会越来越胸有成竹、妙不可言。

附录二:
- Appendix two -

童牧野著作的各种版本

（1）童牧野《我把股市当战场》杂文集，学林出版社1994年首版首印，平装191页。

（2）童牧野《庄家克星》杂文集，四川人民出版社1999年首版、2000年3次印，平装356页。

（3）童牧野《多空争战》杂文集，四川人民出版社1999年首版、2000年3次印，平装385页。

（4）童牧野《股民吉星》散文集，学林出版社1999年首版、2000年3次印，平装309页。

（5）童牧野《赚钱，休闲，鬼变脸》杂文集，上海财经大学出版社1999年首版、2000年3次印，平装285页。

（6）童牧野《股精咏叹》诗集，四川人民出版社2000年首版首印，平装316页。

（7）童牧野《把愚蠢记录在案》杂文集，天津人民出版社2000年首版首印，平装226页。

（8）童牧野《歪打正着》散文集，中国商业出版社2000年首版首印，平装243页。

（9）童牧野《股精炒股不用图》杂文集，上海大学出版社2000年首版首印，平装228页。

（10）童牧野《股战福将》散文集，学林出版社2000年首版2次印，平装197页。

（11）童牧野《股市咒语》散文集，珠海出版社2001年首版首印，平装275页。

（12）童牧野《敛财大吉星》散文集，学林出版社2001年首版首印，平装314页。

（13）童牧野《鬼变脸主义及其敛财学》散文集，上海财经大学出版社2001年首版首印，平装260页。

（14）童牧野《股市无间道》散文集，浙江人民出版社2004年首版首印，平装147页。

（15）童牧野《最糟糕情况下的人类急智》散文集，浙江人民出版社2005年首版首印，平装182页。

（16）童牧野《财神的宝库》长篇小说，学林出版社2006年首版、2007年2次印，精装569页。

（17）童牧野著《庄家克星，修订第2版》杂文集，万卷出版公司2010年首版首印，平装299页。

附录三：
- Appendix three -

有关本书各篇章的写作、发表、被转载的原始档案

第一部分：青提时期的士兵篇

word01321.19911218《舞伴的舞步和鬼子的刺刀》童牧野作于1991年12月18日。发表在：《深圳青年》1992年44期27页《股市测不准原理》。《证券市场》1992年12月13日40期11页《股市测得准乎》。《大众投资指南》1994年1月9期14页《股市预测的分寸把握》。《证券投资》1998年8月8日1期29页《测不准原理与天气预报》。《经济展望》1998年9月52页。《生活早报》1999年9月17日34期7页至18日35期7页。童牧野著《我把股市当战场》学林出版社1994年首版，平装第3页《股市预测的分寸把握》。童牧野著《庄家克星》四川人民出版社1999年版，平装第25页。

word01321.19920610《利空兑现，变成利多》童牧野作于1992年6月10日。发表在：《股市动态分析》1992年6月15日77期14至15页。童牧野著《我把股市当战场》学林出版社1994年首版，平装第106页。《后现代派小说家童牧野》博客2009年6月1日《童牧野散文39十七年前的摇号》。

word01321.19920617《股价趋稳，民心趋平》童牧野作于1992年6月17日。发表在：《股市动态分析》1992年6月22日78期14页。童牧野著《我把股市当战场》学林出版社1994年首版，平装第108页。《后现代派小说家童牧野》博客2009年6月2日《童牧野散文41十七年前的趋平》。

word01321.19920624.1《大飞乐权证的泥潭》童牧野作于1992年6月24日。发表在：《股市动态分析》1992年6月29日79期15页《有人不耐平静，权证尝鲜被套》。童牧野著《我把股市当战场》学林出版社1994年首版，平装第110页。《后现代派小说家童牧野》博客2009年6月3日《童牧野散文42十七年前的泥潭》。

word01321.19920624.2《三步舞曲话深沪》童牧野作于1992年6月24日。发表在：《上海证券》1992年6月29日53期4页。童牧野著《我把股市当战场》1994年首版首印，平装第10页。

word01321.19920708《避开决战主力，包围小股敌人》童牧野作

于1992年7月8日。发表在：《股市动态分析》1992年7月13日81期14页。童牧野著《我把股市当战场》学林出版社1994年首版，平装第112页。《后现代派小说家童牧野》博客2009年6月4日《童牧野散文43十七年前的避开》。

word01321.19920722《各就各位，各自为战》童牧野作于1992年7月22日。发表在：《股市动态分析》1992年7月27日83期15页。童牧野著《我把股市当战场》学林出版社1994年首版，平装第113页。《后现代派小说家童牧野》博客2009年6月5日《童牧野散文44十七年前的各就各位》。

word01321.19920805《层层设网，步步经营》童牧野作于1992年8月5日。发表在：《股市动态分析》1992年8月10日85期15页。童牧野著《我把股市当战场》学林出版社1994年首版，平装第115页。

word01321.19920812《丢盔弃甲，转移阵地》童牧野作于1992年8月12日。发表在：《股市动态分析》1992年8月17日86期14页。童牧野著《我把股市当战场》学林出版社1994年首版，平装第117页。

word01321.19920819《亡"牛"补牢，追救得当》童牧野作于1992年8月19日。发表在：《股市动态分析》1992年8月24日87期14页。童牧野著《我把股市当战场》学林出版社1994年首版，平装第120页。

word01321.19920902《为求股市匀称美，也讲苗条在节食》童牧野作于1992年9月2日。发表在：《股市动态分析》1992年9月7日89期12至13页《为求股市匀称美，要讲苗条得节食》。童牧野著《我把股市当战场》学林出版社1994年首版，平装第123页。

word01321.19920909《股市虽有沉疴，并非不治之症》童牧野作于1992年9月9日。发表在：《股市动态分析》1992年9月14日90期14页。童牧野著《我把股市当战场》学林出版社1994年首版，平装第126页。

word01321.19921029《虽有病态，不是家丑》童牧野作于1992年10月29日。发表在：《证券市场》1992年11月8日35期9页《上海股市出路何在》。童牧野著《我把股市当战场》学林出版社1994年首版，平装第128页。

word01321.19921111《唇齿相依，同舟共济》童牧野作于1992年11月11日。发表在：《股市动态分析》1992年11月16日99期18页《深圳股友与上海股友的热线电话》。童牧野著《我把股市当战场》1994年首版首印，平装第130页。

word01321.19921118《四两拨千斤，托市策略谈》童牧野作于1992年11月18日。发表在：《股市动态分析》1992年11月23日100期16页《投资大户和投资顾问的对话》。童牧野著《我把股市当战场》1994年首版首印，平装第133页。

word01321.19921123《魂在月亮，下望沪股》童牧野作于1992年11月23日。发表在：《证券投资与创业》1992年9期3页。童牧野著《我把股市当战场》1994年首版首印，平装第135页。

word01321.19921126《鸣锣开道牛戏熊》童牧野作于1992年11月26日。发表在：《壹周投资》1992年11月29日26期3页《空头正在转化为多头》。童牧野著《我把股市当战场》1994年首版首印，平装第137页。

word01321.19921201《熊谷敢吃套牢，后来骑牛逍遥》童牧野作于1992年12月1日。发表在：《证券投资与创业》1992年12月15日10期2页《牛市之中，仍有风浪》。童牧野著《我把股市当战场》1994年首版首印，平装第20页。

word01321.19921209《牛市之中，仍有风浪》童牧野作于1992年12月9日。发表在：《证券投资与创业》1992年12月15日10期2页。童牧野著《我把股市当战场》1994年首版首印，平装第139页。

word01321.19921216《沪股被称猴市，大户喜打滑板》童牧野作于1992年12月16日。发表在：《股市动态分析》1992年12月21日104期21页。童牧野著《我把股市当战场》1994年首版首印，平装第141页。

word01321.19921223《金杯好榜样，沪股怎么办？》童牧野作于1992年12月23日。发表在：《壹周投资》1993年1月3日31期11页。童牧野著《我把股市当战场》1994年首版首印，平装第144页。

word01321.19921230《不看不知道》童牧野作于1992年12月30日。发表在：《证券市场》1993年1月17日45期18页。童牧野著

《我把股市当战场》1994年首版首印，平装第147页。

word01321.19930103《送配未必都利好》童牧野作于1993年1月3日。发表在：《上海商报》1993年1月11日744期2页。《证券信息报》1993年4月12日31期2页。童牧野著《我把股市当战场》1994年首版首印，平装第150页。

word01321.19930111《风水轮流转》童牧野作于1993年1月11日。发表在：《证券投资与创业》1993年12期3页。童牧野著《我把股市当战场》1994年首版首印，平装第152页。

word01321.19930129《轮炒之后有陷阱》童牧野作于1993年1月29日。发表在：《证券投资与创业》1993年2月1日13期。童牧野著《我把股市当战场》1994年首版首印，平装第155页。

word01321.19930224《也请空头谈心态》童牧野作于1993年2月24日。发表在：《上海商报》1993年3月8日767期2页。童牧野著《我把股市当战场》1994年首版首印，平装第28页。

word01321.19930302《为夭折的沪牛而祈祷》童牧野作于1993年3月2日。发表在：《壹周投资》1993年3月7日39期3页。童牧野著《我把股市当战场》1994年首版首印，平装第157页。

word01321.19930309《纵向比较谈风险》童牧野作于1993年3月9日。发表在：《生活周刊》1993年4月4日431期2页。童牧野著《我把股市当战场》1994年首版首印，平装第159页。

word01321.19930315《沪股的脸色好不好》童牧野作于1993年3月15日。发表在：《壹周投资》1993年3月21日41期9页。童牧野著《我把股市当战场》1994年首版首印，平装第161页。

word01321.19930320《身在大陆架，遥测深海沟》童牧野作于1993年3月20日。发表在：《证券投资》1993年3月27日25期8页《今年沪股熊市将教训谁》。《证券投资与创业》1993年4月1日17期3页。童牧野著《我把股市当战场》1994年首版首印，平装第163页。

word01321.19930328《股民自有铁算盘》童牧野作于1993年3月28日。发表在：《投资者》1993年4月15日14期27页。童牧野著《我把股市当战场》1994年首版首印，平装第30页。

word01321.19930330《沉重地说出一个轻松的故事》童牧野作于

1993年3月30日。发表在：《证券市场》1993年4月4日55期13页。童牧野著《我把股市当战场》1994年年版，平装第32页。

word01321.19930408《紧急拔高的缘由和后果》童牧野作于1993年4月8日。发表在：《证券投资与创业》1993年4月15日18期3页。童牧野著《我把股市当战场》1994年年版，平装第165页。

word01321.19930411《沪股炒手的点火战术》童牧野作于1993年4月11日。发表在：《投资者》1993年5月1日9期21页。童牧野著《我把股市当战场》1994年首版首印，平装第35页。

word01321.19930415《牛哥熊妹鱼水情》童牧野作于1993年4月15日。发表在：《证券市场》1993年4月18日57期19页。童牧野著《我把股市当战场》1994年首版首印，平装第37页。

word01321.19930421《俯卧撑的巨人》童牧野作于1993年4月21日。发表在：《证券市场》1993年5月2日59期18页。《我把股市当战场》1994年首版首印，平装第39页。

word01321.19930425《随机漫步》童牧野作于1993年4月25日。发表在：《壹周投资》1993年5月1日47期13页。童牧野著《我把股市当战场》1994年首版首印，平装第42页。

word01321.19930425《恶炒恐有恶果》童牧野作于1993年4月26日。发表在：《证券投资与创业》1993年5月1日19期3页《今年不怕踏空》。《证券信息报》1993年5月3日34期3页。童牧野著《我把股市当战场》1994年首版首印，平装第168页。

word01321.19930504《股市也有无期徒刑》童牧野作于1993年5月4日。发表在：《证券信息报》1993年5月17日36期3页。《东方特快》1993年6月8日4469期6页。童牧野著《我把股市当战场》1994年首版首印，平装第170页。

word01321.19930504a《粗野与诡秘》童牧野作于1993年5月4日。发表在：《上海商报》1993年5月10日794期2页《沪深股市走势的差异》。童牧野著《我把股市当战场》1994年首版首印，平装第172页。

word01321.19930506《打她下去再爱她，您见过吗》童牧野作于1993年5月6日。发表在：《证券市场》1993年5月16日61期20页。童牧野著《我把股市当战场》1994年首版首印，平装第174页。

word01321.19930510《以疯养疯变麻疯》童牧野作于1993年5月10日。发表在：《证券投资与创业》1993年5月20日20期3页。童牧野著《我把股市当战场》1994年首版首印，平装第44页。

word01321.19930510a《也是一种乐观》童牧野作于1993年5月10日。发表在：《壹周投资》1993年5月15日49期13页。童牧野著《我把股市当战场》1994年首版首印，平装第177页。

word01321.19930513《多空善意的交流》童牧野作于1993年5月13日。发表在：《投资者》1993年6月1日17期15页。童牧野著《我把股市当战场》1994年首版首印，平装第46页。

word01321.19930517《为有牺牲多壮志》童牧野作于1993年5月17日。发表在：《上海商报》1993年5月24日800期2页。《证券信息报》5月31日38期2页《沪股双臂都被抽血》。童牧野著《我把股市当战场》1994年首版首印，平装第48页。

word01321.19930524《尊重异己的思路》童牧野作于1993年5月24日。发表在：《上海证券报》1993年6月1日52期4页。童牧野著《我把股市当战场》1994年首版首印，平装第179页。

word01321.19930528《沪空静观多杀多》童牧野作于1993年5月28日。发表在：《证券投资与创业》1993年6月5日21期4页。童牧野著《我把股市当战场》1994年首版首印，平装第50页。

word01321.19930529《为了家乡父老的投资安全》童牧野作于1993年5月29日。发表在：《证券信息报》1993年6月7日39期2页。童牧野著《我把股市当战场》1994年首版首印，平装第52页。

word01321.19930530《天灾人祸》童牧野作于1993年5月30日。发表在：《投资者》1993年6月15日18期18页。童牧野著《我把股市当战场》1994年首版首印，平装第54页。

word01321.19930607《上海狐狸，眯眼瞧深圳大白兔》童牧野作于1993年6月7日。发表在：《证券信息报》1993年6月14日40期2页。童牧野著《我把股市当战场》1994年首版首印，平装第56页。

word01321.19930615《背靠墙角饱受冷拳》童牧野作于1993年6月15日。发表在：《证券信息报》1993年6月21日41期2页。童牧野著《我把股市当战场》1994年首版首印，平装第58页。

word01321.19930730《〈我把股市当战场〉1994年早期版的作者后记》童牧野作于1993年7月30日。发表在：《青心报》1994年5月15期4页《人家下海我上岸》。《经济信息报》1995年6月11日1764期4页《我把股市当战场》被署名武汉阿源（作者童牧野为此友好抗议，报刊编辑部为此真诚道歉）。童牧野著《我把股市当战场》1994年首版首印，平装第188页。

word01321.19930829《忧患意识显大家本色》童牧野作于1993年8月29日。发表在：《上海证券报》1993年9月4日93期4页。童牧野著《我把股市当战场》学林出版社1994年首版首印，平装第60页。

word01321.19930901《初次见面，请多搏傻？》童牧野作于1993年9月1日。发表在：《证券信息报》1993年9月6日52期2页。童牧野著《我把股市当战场》1994年首版首印，平装第182页。

word01321.19930907《沪人对青啤的冷淡》童牧野作于1993年9月7日。发表在：《证券信息报》1993年9月13日53期2页《青岛啤酒的泡沫》。《证券投资与创业》1993年9月15日27期3页。童牧野著《我把股市当战场》1994年首版首印，平装第184页。

word01321.19930908《满天星星亮晶晶》童牧野作于1993年9月8日。发表在：《壹周投资》1993年9月11日66期13页。童牧野著《我把股市当战场》1994年首版首印，平装第62页。

word01321.19930909《三栖人抬头北望》童牧野作于1993年9月9日。发表在：《上海证券报》1993年9月11日96期4页。童牧野著《我把股市当战场》1994年首版首印，平装第186页。

第二部分：壮年时期的元帅篇

word01321.20020321《祥和气氛下的北巡讲话》童牧野作于2002年3月21日。发表在：《四川经济日报》2002年3月23日4435期1页。《金融投资报》2002年3月23日1872期10页《祥和气氛下的讨论》。《华商时报》2002年3月25日2000期B9页。《经济预测》2002年4月12日430期22页《诱多稻草与秋后算帐》。《后现代派小说家童牧野》博客2008年10月29日《童牧野散文38北巡讲话》。

word01321.20020717.《股市启蒙的四不纲领》童牧野作于2002年7月17日。发表在:《四川金融投资报》2002年7月20日1968期11页。《证券日报》2002年7月20日492期1页《股市启蒙的三大纲领》。《四川经济日报》2002年7月20日4548期1页。《证券市场》2002年7月21日847期36页。《上市公司研究》2002年7月21日104期57页《股市启蒙的预备班训练》。《华安》2002年7月62期22页。《后现代派小说家童牧野》博客2006年11月16日《童牧野小说119四不》。

word01321.20021107《喜迎和感恩》童牧野作于2002年11月7日。发表在:《证券日报》2002年11月9日596期10页。《158 Hlrs Vgqr Wh》2002年11月11日侵权转载。

word01321.20021108《自信和超越》童牧野作于2002年11月8日。发表在:《金融投资报》2002年11月9日2056期11页。《证券投资》2002年11月9日214期11页。《万科》2002年12月2日418期28页《超人是怎样养成的》。《天地通讯》2003年1月20日39期39页。《后现代派小说家童牧野》博客2005年8月24日《童牧野小说1自信》。

word01321.20070715《新论语灭蚊咒》童牧野作于2007年7月15日,补充于2009年4月2日。发表在:《后现代派小说家童牧野》博客2007年7月15日。

word01321.20090827《童牧野语录2009/8/27滋润》童牧野答于2009年8月27日。发表在:《后现代派小说家童牧野》博客2009年8月27日。

word01321.20090924《祖辈很苦,我辈很爽》童牧野作于2009年9月24日。发表在:《金融投资报》2009年10月1日4063期11页。

word01321.20100129《童牧野股市2010/1/29收盘鬼脸》童牧野作于2010年1月29日。发表在:《后现代派小说家童牧野》博客2010年1月29日。

· **附录四：新作长篇小说《孜孜不倦刁德三》试读**
- Appendix four -

做对做错，天壤之别

📖 **童牧野语录：**

　　20世纪90年代在国家级、省市级的期货专业报刊上发表期货评论的，如今仍然活得滋润的，全国好像没几个吧。十几亿人口中，才那么屈指可数的我一个，还有第二个、第三个都是谁呀？可见期货市场的伤亡率是很大滴。连国家队在境外染指期货市场，也是动辄就被灭顶的。

　　很多年后，刁德三转世，成长为一条汉子，是靠祖先巨额积蓄，又靠股指期货，变成更巨的巨富的。

　　现在虽然他还远远没到转世的时候（很久以后，等到这部《孜孜不倦刁德三》完稿的时候，也就是师傅童牧野欢送高徒刁德三去投胎转世的时候），对今年2010年国务院批准股指期货即将从仿真交易过渡到真实交易，是热烈拥护、公然欣喜的。

　　很多股痴问：股指期货对股市是利多还是利空？

　　刁德三啐道：股指期货，又不是从来没玩过股票的人，从银行提钱到股指期货市场。大多是玩过股票的人，见异思迁，从股市提钱到股指期货。股市里的钱，因此而少了、最终不够了。鬼都知道正常答案：利空嘛。

　　但，但但但，但但但但抬，人间常常是歪理驱逐真理的。有些人硬称那是利多。以癫炒股指的方式，把所有的利多利空全都美化成特大利多。不要纠正他们。让他们去雀跃、去向上抬轿吧。祖国，需要他们。需要他们去忘情地牺牲。

刁德三向童牧野汇报股指期货的鬼魅模拟如下：

沪深300指数IF0803期货在2007/10/17上摸13027点。那个在13027点开空的空头，1手空单的合约卖空价13027点*300元/点=3908100元人民币。若保证金比例为12%，则需要冻结保证金468972元人民币。

如果一路持有这区区1手的空单，仅仅5个月零4天的工夫，到了2008/3/21的合约交割日，最终收盘价为4028点，1手空单的买进平空价4028点*300元/点=1208400元人民币。

这个只持有1手空单的中线看空者，他的盈利为：3908100元人民币－1208400元人民币=2699700元。相对于他的初始冻结保证金468972元人民币，其5个月零4天的盈利率为475.66%，赚了近5倍。

实际上的盈利率更大，因为随着交易价的跌跌不休，他的冻结保证金也不断降低，多余资金不断解冻。

这是做对了。做反了呢？多头随着浮动亏损增加，不断需要追加保证金。那个在13027点开多的多头，初始冻结保证金也是468972元人民币。但他如果不坚持死多立场，任凭保证金不够而被强制平仓，基本上是光屁股回家。如果他坚持死多立场，变卖房产去追加保证金，则加进去多少死多少。最终光屁股都回不了家。

在股指期货，每1万个参与者，可能会有9999个是一步错、步步错。最终被打爆或重创，悔不当初地悲哀离场，几乎是必然的。这是个惨不忍睹的负和游戏。

当然，1万个人中，会有一个一步对、步步对。

上述那个5个月大赢5倍的，可支配资金日涨夜大、相当充裕的情况下，还可乘胜追击而又极度谨慎小心地在后续期货合约上继续布局，于2008/5/15在沪深300指数IF0812期货上摸6172点又是开空1手。卖空价6172点*300元/点=1851600元人民币。若保证金比例为12%，则需要冻结保证金222192元人民币。

又是一路持有空单5个多月，确切地说，5个月零13天，于2008/10/28沪深300指数IF0812期货下探1490点，就买进平空，1手空单的买进平空价1490点*300元/点=447000元人民币。他的盈利为：1851600元人民币－447000元人民币=1404600元。相对于他的初始冻结保证金222192元人民币，其5个月零13天的盈利率为532.16%，赚了5倍多。

由此可见，半山腰做空，居然比顶部做空，赢得更多更爽。

对应的，半山腰做多，居然比顶部做多，输得更惨更没命。

当然，做空也要适可而止。同样是沪深300指数IF0812期货鬼脸2008/11/3星期一1544绿四1553红一1559。价能MACD金放红伸。那个连做两轮中线空头的，如果不是鬼变脸信徒，是没有那种定力的。如果是鬼变脸信徒，看到这种技术指标，他有两个选择。

第一选择是敲锣打鼓般的兴高采烈，哐哐两轮做空之后，哚，翻多了，又赢了。

第二选择是他特谦虚、特谨慎，做空连续盈利之后，凡是做多的，一概放过去不做（号称自己做多比较胆小），他持币休息一年。多空都不做。他全部资金摇新股去了，中签新股上市后仍是坚决卖，落袋为安。

刁德三股指期货第一守则（不可恋战）：不可持久战。每战不要超过半年。连续两战不要超过一年。无论盈亏，一旦连连告捷，或连连告败，不可再三恋战。避免成为战争狂人而利令智昏。一生中，大部分时间必须是持币休息，既不开空也不开多的状态，甚至大多数日子不盯盘，偶尔瞄一眼，应该是常态。在这种常态下，对手方无法找你厮杀，无法从你身上赢回去。

童牧野笑道：喜欢喝酒、酒量大而又毫无酒瘾、常年大多数时间滴酒不沾者，如本帅，能够以身作则地做到这点。

刁德三股指期货第二守则（渔翁获利）：很久以后，又有鹬蚌相争在异常的位置，出现在我眼前，我又心平气和地1手搞定它。总之，不参与多空纠缠不定。要等多逼空把空头都逼死之后，我是前赴后继踩着9999个空头尸体的第一万名空头，也是最居高临下的空头。反之，等空逼多把多头都逼死之后，我是前赴后继踩着9999个多头尸体的第一万名多头，也是最仰天大笑的多头。

童牧野笑道：完全不看球赛，对国足毫无印象者，如本帅，也可以师徒共鸣地轻松做到这点。

刁德三股指期货第三守则（无欲则刚）：鉴于那些做错方向者，动用几十万元保证金，数月甚至数周甚至更短日子，就能输到几百万元以上。所以，手中资金（纯人民币现金存款，不包括房产、汽车、金银珠宝、股票、基金等一切尚未换成人民币的财产）没有超过700万元者（所谓中户、散户），最好不要去开设股指期货账户，不要参与股指期货。这也是为股市好，如果股市连中户、散户都开小差溜号了，都把资金流向股指期货了，股市也就麻烦大了。

童牧野笑道：上个世纪90年代在国家级、省市级的期货专业报刊上发表期货评论的，如今仍然活得滋润的，全国好像没几个吧。十几亿人口中，才那么屈指可数的我一个，还有第二个、第三个都是谁呀？可见期货市场的伤亡率是很大滴。连国家队在境外染指期货市场，也是动辄就被灭顶滴。

刁德三股指期货第四守则（不当烈士）：过于追求真理者，不可参与股指期货。崩盘崩到脚踝，还往脚底板跌，那把抄底做多的人，再消灭一次。股指期货会把明明中长线看空看对的人，也予以短线消灭。如大前年2007年，沪深300股指期货不顾沪深300股指现货才5891点，就敢猛冲13027点，那该消灭多少批空头。它会把空头们预先辗毙，然后多头们自相践踏，双方都被磨灭。而700万元至7000万元级别的大户，能在股指期货账户里只放100万元保证金，只用其中的几十万元开1手，顺则最多同向加码1手。不顺则反向锁仓1手。不论顺逆，最多共2手，随时准备止损出局，洗手不干。心态怡好，极度冷静，才能万里挑一地胜出。

童牧野笑道：深知歪理经常会笼罩真理，残酷经常会扫荡温馨，河豚经常比河蟹要命。对国情了如指掌、料如直肠，不嫌内幕之黑，不嫌阴谋之臭，横跨阴阳两界如咱师徒，对此，还真是目光如炬啊。

至于7000万元至7亿元级别的超级大户，在股指期货方面，该注意点啥？详见刁德三股指期货第五守则……以及……篇幅所限，且听下章分解。

word02479.85《做对做错，天壤之别——长篇小说〈孜孜不倦刁德三〉第85章》童牧野作于2010年1月15日。发表在：《金融投资报》2010年1月16日4146期9页。《后现代派小说家童牧野》博客2010年1月18日《童牧野小说273天壤》。《后现代派小说家童牧野》博客2010年1月23日《童牧野小说274天壤之修辞》。

海纳百川2010/01/18 11:30在童牧野博客留言："元帅，小说《天壤》中'但，但但但，但但但但抬'里的'抬'应该为

'是'吧？"

童牧野2010/1/18答：

感谢《金融投资报》编辑在纸质媒体上，也保留了"但，但但但，但但但但抬"的原汁原味。如此比较后现代的修辞新法，偶而用之，效果好过简单的"但是"。详解如下：

第一，在文中给出京剧、闹剧中的小碎步屁颠屁颠的节奏，音韵犹如锣钹敲击。"但但但"，密锣之音。戛然而止的"抬"，钹的休止总结音。体现市场氛围的愚昧、一根筋、搞笑式的休克。

第二，在文体气势上进一步烘托了"抬股价者"、"抬轿者"的"抬"的余音缭绕，以及"抬"的顿挫、抬不动而被逗号。与下文的傻瓜之抬，之牺牲，以及哐哐　，前后呼应。在小说篇章中，构成交响乐的美感。

第三，为中文突破拘泥文体，走向更开放、更自由文体，让中文进一步迸发出多媒体信息（如诗如画，如歌如乐，如舞如拳，如狼似虎）的潜在威力。这是股战场中的元帅、武将的篇章。有别于中规中矩的中学作文。

陈辉2010/01/18 14:14:36在童牧野博客留言："别说做股指期货了，就看了童先生的这篇文章，已经够心惊胆战了。超分量！不过也教了我们如何以小博大。精彩！"

陈忠义2010/1/18 23:35 来函："最为尊敬的元帅！小徒承蒙元帅垂爱，儿子取名陈纪亮鼎，出生后相貌有很大变化，目前两个月了，他的面貌可以说是优选了小徒夫妇俩的特点，让人爱不释手啊。儿子出生后，常常鼻塞，但自从取了名后，五行不再缺金，鼻子的问题也解决了，岳母说，这东西，挺神的，她特别感激元帅的命名。陈纪亮鼎刚出生时49厘米，有点小，但经过两月的母乳喂养，目前各方面就已经全面接近婴儿发育的较高值。元帅，小徒已完成繁杂的期末教学工作……提前预祝元帅合家农历新年快乐……祝元帅再写更多如《做对做错，天壤之别》这样大气的好文章。能认识元帅，并从元帅的博客、新书中汲取生活的智慧与勇气。活得幸福。小徒在送走上一届毕业班之前的教学，就一直围绕生活的目标就是自己幸福，亲人幸福，朋友幸福，人民幸福来进行的。学生说（才六年级啊）：'第一次遇到一个这样的老师，他告诉我们：要幸福！'小徒从这样的小学生身上，感受到信赖与称赞的力量，他鼓励我继续这样坚持下去……元帅是唯一的一个，让我知道生活要幸福的人。在元帅博客的指引下，小徒……认识了什么是美好，什么是人生的目标，什么是孤独的力量，什么是超越命运的信念。认识了无数人类中的智者……”

海纳百川2010/01/23 19:15在童牧野博客留言：“元帅好！原以为‘但，但但但，但但但但抬’里的‘抬’是‘是’或‘始’的笔误，也曾想到过可能像京剧里的鼓点‘咣，咣咣咣，咣咣咣咣抬’，元帅妙语，妙用！顺祝幸福！”

陈忠义2010/1/24 00:52来函：“最为尊敬的元帅！刚刚上元帅的博客，就看到自己的大名、儿子的大名。呵呵，按元帅写书的方式，这篇一定能进入元帅的新书里。小徒打定主意了，今后该本新书，一定要买上一些，好好纪念。试想，在博尔赫斯的书里出现自己的名字？在索尔仁尼琴的书里，出现……（哦，还是不出现在他的书里比较好）。在安仁德的书里出现的滋味？啊呀，真美！我的名字将随着元帅的威名进入千千万万铜丝的家里，进入无数个图书馆里，铭刻于历史！呵呵，美啊。语无伦次了……再次感谢元帅将我的大名标上。这种事，曾经想过，不敢提，没想到竟有实现的时候，太高兴了。祝元帅合家幸福，祝元帅做空做多都顺畅。”

陈辉2010/01/24 19:11:44在童牧野博客留言：“我在童先生的《做对做错，天壤之别——长篇小说〈孜孜不倦刁德三〉第85章》中的留言上写道：‘别说做股指期货了，就看了童先生的这篇文章，已经够心惊胆战了。超分量！不过也教了我们如何以小博大。精彩！’其中，超分量，原本是写成够分量，写完后感觉不能够完全表达本意，便改成超分量。当时一口气读完后我就是这种感觉。今天看了先生的天壤之修辞，恍然大悟，就是这句原汁原味的‘但，但但但，但但但但抬’起到了画龙点睛的作用。当时我在阅读的时候，我也不知道读了几个但字，反正是一大串，恰好陈安艺在我旁边，她问我，爸爸，你在说啥呢？我说，没说啥呀。她说，那我咋听见你的嘴巴在不停地哆嗦呢。绝句啊。但完之后猛地一抬，心梗了。充分体现了股战中的多数人的命运，哆哆嗦嗦抄底，竟然也会心梗要命。这一句，让我刮目相看。文章原来也是可以这样写滴。之前，没有见过。开眼了，长见识了。”

命运风水，积德读书

童牧野语录：

> 劝人别做股票成瘾，是对他人的子孙积德。劝人别做股指期货死多或死空一根筋，是对他人的配偶积德。劝人不要轻易应聘世界上对心脏最有害的职业，是对他人的父母积德。特此积德。

刁德三股指期货第五守则（仓位控制）：你可以对股指期货在操作水平上很专业，但决不可以把股指期货当成自己的专业或主业，必须把股指期货当成业余的业余的业余。平常不开仓时期，应该把多余的资金通过银期转账，划向第三方存管的自己的银行户头。7000万元至7亿元级别的超级大户，不论顺逆，最多共20手，耗费保证金几百万元。

童牧野笑道：如果打满每户上限100手（冻结保证金几千万元），或分仓到不同账户打满小半仓（上亿元），再大的金额，被消灭光，也就论周论月的。已经有大机构在股指期货的仿真交易中迅速被账面打爆。

本师坚持把文学作为自己的主业，其余是副业，笑看昔日十几家期货交易所，倒闭得只剩屈指可数的几家。

刁德三股指期货第六守则（沉默是金）：万万不可呼朋唤友，同一个方向进，同一个方向出。重则有操纵市场之嫌。轻则自我固定多头成见或空头成见，以致需要当天T+0斩仓时，虑及先朋友逃而逃的良心自谴，手软而集体贻误斩仓，自己和朋友的仓位全都集体灭顶。

童牧野笑道：何况，前一分钟劝人开仓，后一分钟一看苗头不对，火速自斩后立即通知朋友斩仓止损，斩对了都不会谢谢你。斩错了骂你几辈了的。反方向呼朋唤友，更不道德。

好在本帅善于装哑巴，连装几天哑巴都没问题。公共场合，周围陌生人在旁说台州方言、温州方言，我全懂（那是我的母语，比汉语普通话、上海话还更母语），我轻松闭嘴装哑巴，连眼神都假装不懂迷茫着哪（瞧人家在说私房话肯定不好意思让不相干的外人懂嘛）。

学了多种外语，更加装聋作哑，只用来看小说、看外语电影，更是本帅的一贯习性。

刁德三股指期货第七守则（守株待兔）：越是大资金，越是不可以轻举妄动。不可主动挑起事端，不可主动搞多逼空或空逼多。不可有主宰多空方向的欲望。当操纵者被打爆时，死多爆仓被迫平仓，是卖出平多仓，砸出底部大坑。死空爆仓被迫平仓，是买进平空仓，捅出顶部天窗。守株待兔，数月甚至数年一次或几次，专门可遇不可求地在大坑做多或天窗做空。胜算把握大，本金安全性好。

童牧野笑道：在这个世界上，越是强势的军队，中国军队、俄国军队、美国军队，大部队大多数时间，处于和平修养生息状态。只有突发事件来了，相应提高戒备等级。派军出击的，只占全军的很小一部分。如美军派区区1万兵力，到地震后的海地，控制机场，协助维护救灾秩序。

而闹哄哄动辄全部军力四处出击的，大的如昔日纳粹党卫军，小的如基地恐怖主义组织，最终都成了过街老鼠，处于被消灭、被围剿的类似四面楚歌的境地。

股指期货来了，也不要好战，甚至不要太急于开户、开仓。有些事，来得早不如来得巧，干得大不如干得妙。根据目前股指期货的开户资金量的门槛，有关方面公布统计数据说，约有97%的股民会被拦在门槛外。

这其实也是一种好心，尽量避免广大散户都进去、都被洗白而引发群体性事件。

规定每户上限100手，也是好心，既避免操纵，也避免操纵者操来操去把自己给操没了。

近来，我的中国科大774级的老同学们，在774共荣圈上议论古人所谓"一命，二运，三风水，四积德，五读书"的科学、艺术。我童牧野，潜水浏览，只看不言语。私下跟高徒刁德三交流：

命，为什么排在第一？

刁德三昂然答："生下来是毛毛虫，就没法修炼成大蟒蛇。这是命。"

运，为什么仅次于命？

刁德三肃然答："师傅您上个世纪80年代在中国科学院某研究所，身为科技人员，想跳槽应聘警察，人家嫌您动机不纯（想从郊县的研究所，跳到市区的警察岗位），最终没让您得逞。这就是运。

我查了您的往昔生死簿（往后的，太耀眼而以后再看），假如您当初应聘警察成功，您因为学过英语、西班牙语而被派往海地维和，是今年海地大地震而牺牲的第9名中国警察。"

童牧野听了，也肃然。首先为那8名遇难警察默哀（里面有50后、60后、70后等各年龄层次的警察精英）。

第三，风水。海地那地方，风水有问题。它与中国台湾，有"外交关系"。它与中华人民共和国，没有外交关系。既然如此，我方应婉拒维和使命。让它的北方邻居美国去能者多劳。

风水。后来童牧野靠演讲夺魁而调入上海市区的高校。人，选择了风水。风水改善了人生。犹如狼需要到有肉的地方，羊需要到有草的地方。股指期货，是个有地雷的地方。风水。

如果你是羊，该吃草吃草去吧。别乱吃股票而染上股瘾。那里不是你的好风水。

如果你是狼，该吃肉吃肉去吧。别乱吃期货而染上赌瘾。那里不是你的好风水。

如果你是工兵，该挖地雷去挖吧。注意安全守则，别弄得自己尸骨无存。那个地方，有可怕的风水。

第四，积德。劝人别做股票成瘾，是对他人的子孙积德。劝人别做股指期货死多或死空一根筋，是对他人的配偶积德。劝人不要轻易应聘世界上对心脏最有害的职业，是对他人的父母积德。特此积德。

第五，读书。这个读书，不是指单纯的读学位、读学历。而是未必跟学位、学历有关的博览群书。天天博览群书，等于天天脑力体操。有效防范痴呆。聪明了，有助于人生更美好。

老天爷要在方方面面照顾你，不见得显形而跟你多啰嗦。只是默默地显示神迹，看你是否拎得清。

如2010年1月14日星期四这天，童牧野账号中已经中签而尚未上市的新股，有9个不同的新股（其中包括那个每股88元中签，后来上市集合竞价每股121元抛掉的）。这个中奖率（新股申购活动中的这个概念，详见童牧野的早期著作），是社会平均中签率3倍。

童牧野家人账号也是同时纷纷打满上限申购的（只有都如此打满上限，而且都在几乎同一个狭小时段申报，才有这样的可比性），那天平均每个账号只有3个已经中签而尚未上市的不同新股。

此后，轮到童牧野账号享受社会平均中签率，童牧野家人的账号的中奖率就大大高出社会平均中签率。

让童牧野心领神会那神迹的：自己账号中，那9个新股里，有1个的中签号，居然是五位数的43614。

614是自己的生日啊。43，至少有两个巧合：刁德三股指期货七条守则，在此分先4条、后3条，分别在前后两章里公布。2043年6月14日，是童牧野的86岁生日。而本章，写到此最新的新鲜事，恰好是第86章。

此乃，人之事，天看着呢。暗示着你呢。鞭策着你呢。

86岁那年，哪怕得了国际上这个奖、那个奖，最好不要亲自去领奖，让孙子、孙女去代领。自己呢，最好书面发言，不要亲口演讲，不要兴奋。稍微困了就酣睡。多喝开水，勤奋小便。规避血黏稠。防范脑溢血。争取活到2077年120岁以后。

当然也不要贪心千岁、万岁。钱财更得慢慢来。你知道不要多，每年只赚11%，连续年复利，2010年的散户10万元，这样利滚利，滚到2077年，间隔六十七年，会变成多少？告诉你：1.088026764亿元。

同理，2010年的大户1亿元，这样利滚利，滚到2077年，间隔六十七年，会变成1088.026764亿元。

　　你只要别在股指期货中反向玩炸了，心平，小仓位，每年小赚一点点，敬畏上述那几个一、二、三、四、五，做很多善事、好事，常会心想事成。

"引领时代"金融投资系列书目

书　名	作　者	译　者	定价
世界交易经典译丛			
我如何以交易为生	〔美〕加里·史密斯	张　轶	42.00元
华尔街40年投机和冒险	〔美〕理查德·D.威科夫	蒋少华、代玉簪	39.00元
非赌博式交易	〔美〕马塞尔·林克	沈阳格微翻译服务中心	45.00元
一个交易者的资金管理系统	〔美〕班尼特·A.麦克道尔	张　轶	36.00元
非波纳奇交易	〔美〕卡罗琳·伯罗登	沈阳格微翻译服务中心	42.00元
顶级交易的三大技巧	〔美〕汉克·普鲁登	张　轶	42.00元
以趋势交易为生	〔美〕托马斯·K.卡尔	张　轶	38.00元
超越技术分析	〔美〕图莎尔·钱德	罗光海	55.00元
商品期货市场的交易时机	〔美〕科林·亚历山大	郭洪钧、关慧——海通期货研究所	42.00元
技术分析解密	〔美〕康斯坦丝·布朗	沈阳格微翻译服务中心	38.00元
日内交易策略	〔英、新、澳〕戴维·班尼特	张意忠	33.00元
马伯金融市场操作艺术	〔英〕布莱恩·马伯	吴　楠	52.00元
交易风险管理	〔美〕肯尼思·L.格兰特	蒋少华、代玉簪	45.00元
非同寻常的大众幻想与全民疯狂	〔英〕查尔斯·麦基	黄惠兰、邹林华	58.00元
高胜算交易策略	〔美〕罗伯特·C.迈纳	张意忠	48.00元
每日交易心理训练	〔美〕布里特·N.斯蒂恩博格	沈阳格微翻译服务中心	53.00元
逻辑交易者	〔美〕马克·费舍尔	朴　兮	45.00元
市场交易策略	〔美〕戴若·顾比	罗光海	48.00元
股票即日交易的真相	〔美〕乔希·迪皮特罗	罗光海	36.00元
形态交易精要	〔美〕拉里·派斯温托、莱斯莉·久弗拉斯	张意忠	38.00元
战胜金融期货市场	〔美〕阿特·柯林斯	张　轶	53.00元

国内原创精品系列			
如何选择超级黑马	冷风树	——	48.00元
散户法宝	陈立辉	——	38.00元
庄家克星（修订第2版）	童牧野	——	48.00元
老鼠戏猫	姚茂敦	——	35.00元
一阳锁套利及投机技巧	一 阳	——	32.00元
短线看量技巧	一 阳	——	35.00元
对称理论的实战法则	冷风树	——	42.00元
金牌交易员操盘教程	冷风树	——	48.00元
黑马股走势规律与操盘技巧	韩永生	——	38.00元
万法归宗	陈立辉	——	40.00元
我把股市当战场（修订第2版）	童牧野	——	38.00元
金牌交易员的36堂课	冷风树	——	42.00元
零成本股票播种术	陈拥军	——	36.00元
降龙伏虎	周家勋、周涛	——	48.00元
金牌交易员的交易系统	冷风树	——	42.00元
金牌交易员多空法则	冷风树	——	42.00元

更方便的购书方式：

方法一：登录网站http://www.zhipinbook.com联系我们；

方法二：登录我公司淘宝店铺（http://zpsyts.mall.taobao.com）直接购买；

方法三：可直接邮政汇款至：北京朝阳区水碓子东路22号团圆居D座101室

收款人：白剑峰　　　邮编：100026

注：如果您采用邮购方式订购，请务必附上您的详细地址、邮编、电话、收货人及所订书目等信息，款到发书。我们将在邮局以印刷品的方式发货，免邮费，如需挂号每单另付3元，发货7-15日可到。

请咨询电话：010-85962030（9：00-17：30，周日休息）

网站链接：http://www.zhipinbook.com

丛书工作委员会

谭　琼　　颜志刚　　张　弘　　郭洪芬　　胡万丽　　田腊秀
童　斌　　杜素青　　冯庆国　　汪学敏　　聂献超　　申文杰
刘安芝　　李凤雅　　郎振环　　罗爱群　　孙继颖　　孙珊珊
徐银忠　　徐丽娜　　霍艳武　　王晓峰　　邹长海　　郭振山
李志安　　杨燕君　　韩智佳　　王凌寒　　王祥意　　王胜强
马熊苗　　魏　亚　　朱杏英

本书工作委员会

童牧野　　王蓉孙　　郭振华　　程红刚　　季　炯　　马　军
唐　慧　　叶显亮　　郭耀明　　蔡通海　　朱　坚　　曾跃飞
费从恩　　王丹梅　　李震宁　　童建琴　　王士发　　邓金良
李　凌　　杜　斌　　刘剑波　　杨　进　　尹昭漪　　宋　春
杜　皎　　朱国武

智品書業
ZHIPIN BOOKS